Fogão da Casa Velha da Ponte

Doceira e poeta

© **Vicência Brêtas Tahan, 2007**
1ª Edição, Global Editora, São Paulo 2009
2ª Reimpressão, 2018

Jefferson L. Alves – diretor editorial

Vicência Brêtas Tahan – pesquisa e seleção de textos

Cecilia Reggiani Lopes – seleção de textos e edição

Ailde Andrade e Fátima Rahal Augusto – atualização das receitas

Flávio Samuel – gerente de produção

Dida Bessana – coordenadora editorial

Alessandra Biral e João Reynaldo de Paiva – assistentes editoriais

Tatiana F. Souza – revisão

Cláudia Scatamacchia – ilustrações

Eduardo Okuno – capa

Editora Boccato – Arturo Kleque G. Neto – projeto gráfico e editoração eletrônica

Obra atualizada conforme o
NOVO ACORDO ORTOGRÁFICO DA LÍNGUA PORTUGUESA.

Dados Internacionais de Catalogação na Publicação (CIP)
(Câmara Brasileira do Livro, SP, Brasil)

Coralina, Cora, 1889-1985.
   Doceira e poeta / Cora Coralina ; ilustrações Cláudia
Scatamacchia. – São Paulo : Global, 2009.

   ISBN 978-85-260-1417-6

   1. Coralina, Cora, 1889-1895 2. Poesia brasileira
3. Poetas brasileiros – Biografia 4. Receitas I. Scatamacchia,
Cláudia. II. Título.

09-09438	CDD-928.6991

Índices para catálogo sistemático:
1. Poetas brasileiros : Biografia   928.6991

Direitos Reservados

global editora e distribuidora ltda.
Rua Pirapitingui, 111 – Liberdade
CEP 01508-020 – São Paulo – SP
Tel.: (11) 3277-7999 – Fax: (11) 3277-8141
e-mail: global@globaleditora.com.br
www.globaleditora.com.br

Nº de Catálogo: **2881**

Cora Coralina

Doceira e poeta

global editora

Viagem de prazeres

Este livro foi planejado não só como um livro de receitas, mas como uma homenagem à poeta que também era doceira.

Tentamos colocar ao alcance do leitor uma fresta para espiar o mundo de Cora Coralina: a batalha com os recursos escassos, o olhar revelador para as pequenas coisas, a capacidade de transformar quase tudo em prazer para o paladar, para os olhos, para a alma.

Apesar de Cora Coralina ter vivido mais de quarenta anos no estado de São Paulo, há uma profunda relação entre suas receitas e a cidade de Villa Boa de Goyaz – agora apenas Goiás –, as condições do estado de Goiás na época e os costumes goianos.

A equipe viajou a Goiás para captar momentos reveladores dessa relação e tornar mais visíveis aos leitores as circunstâncias da vida da poeta.

Na realização deste projeto tivemos alguns desafios, como conciliar o respeito à autora e a necessidade de adaptar as receitas às condições atuais, tornando possível realizá-las hoje.

Também aprendemos muito: mamão de vez é o mamão quase maduro; o coco bacuri pode ser uma valiosa isca de pesca; se batermos bastante a massa de um bolo, ele não precisa de fermento para crescer e sua textura fica... hummm, muito diferente!

Os textos iniciais de cada receita são de Cora Coralina e sofreram apenas revisão ortográfica (assucar ficou açúcar).

Em seguida, vêm as sugestões de atualização: redução e substituição de ingredientes (algumas receitas levavam trinta ovos; usava-se muita banha de porco, muita gordura em geral; para garantir a conservação das frutas era preciso grande quantidade de açúcar, desnecessária atualmente).

Desejamos e esperamos que você, leitor, encontre prazer em folhear, ler e descobrir diversão e gosto bom em receitas às vezes muito simples. Para nós, foi uma viagem entre delícias!

Os editores

Exalto neste livro a Arte Culinária,
a mais nobre de todas as artes,
a que está ligada à vida e à saúde humanas.

Mercado de Villa Boa de Goyaz

Velho Mercado

Quem come do Mercado
tem a vida de cem anos,
olha os velhos da cidade
que comeram do Mercado...

O Mercado de Goiás
é do tempo da Província.
O Mercado de Goiás
é do tempo da Intendência.
– Muito velhinho.
– Muito sujinho.
Ai de nós sem ele,
mesmo assim como é.

Quem come do Mercado
Tem vida pra cem anos,
olha os velhos da cidade
que comeram do Mercado.
Olha os velhos da cidade
que passaram dos cem anos.

Seus barracões,
seus varais de carne,
um cachorro espiando
se cai um pedaço.
Seus rolos de fumo:
que fama lá fora!
Seus homens barbudos.

Capoeiras de frango.
Jacazinho de ovos.
Rapadura na palha.
Bruacas de arroz,

farinha e feijão.
Rumas de queijo,
algum requeijão.
Cargas de gariroba.
Cargueiros de abobra,
maxuxo e mugango.
Gamelas de pau.
Panelas de barro.
Sobressalentes: seus medicamentos.
Quem come do Mercado
tem a vida pra cem anos.
Olha os velhos do Mercado
que comeram do Mercado.
Olha os velhos da cidade,
já na casa do cem anos.

Falta de higiene...
Quem fala nisso?
Tão gostosa a carne de porco,
a carne seca também.
Toucinho tão gordo assim,
nunca que vi, fora daqui.
Quem come do Mercado
tem vida de cem anos.
Olha os velhos da cidade
que comeram do Mercado.

Gente que entra.
Gente que sai.
Gente que trança
e que destrança.
A graça da cidade: a vida do Mercado.
A vidinha do Mercado, é graça da
cidade.

Todos comprando.
Todos falando.
Todos gravando.
Todos louvando:

– Como é barata a vida em Goiás!
Digo eu:
– Graças a Deus, a Cofap nunca
andou por aqui.

Quem compra do Mercado
tem vida pra cem anos.
Olha os velhos da cidade
que comeram do Mercado.
Olha os velhos da cidade,
já na casa do cem anos.

Jardim do mercado

Sumário

Ponte da Lapa

A Doceira da Casa Velha da Ponte

Algumas pessoas se surpreendem como uma mulher que escrevia versos tão bons e contos de rara sensibilidade também podia fazer doces de tanta qualidade. Mas não havia contradição nas ocupações da goiana Cora Coralina (1889-1985). A autora de *Vintém de cobre e meias confissões de Aninha* (1983), que Carlos Drummond de Andrade chamou de "moeda de ouro, e de um ouro que não sofre as oscilações do mercado", também irradiava lirismo puro e saboroso pela doçaria. Usando receitas e técnicas luso-brasileiras, ela convertia frutas e ingredientes de várias naturezas em obras-primas da arte confeiteira. Doces de figo verde ou de mamão vermelho, alfenins, bolos de araruta e cará, pudim de coco e bom-bocado, licores de abacaxi e amêndoas, enfim, onde colocasse a mão operava milagres, ou seja, delícias. Suas receitas mais autênticas de Goiás deveriam ser tombadas como patrimônio cultural e imaterial, a exemplo do que já aconteceu em Pernambuco com o bolo Souza Leão e o bolo de rolo. São preciosidades oriundas dos segredos de cozinha transmitidos de uma geração para outra, verbalmente ou por manuscritos familiares. Não passaram pela escola, aprimoraram-se no aconchego das casas sob os zelos de avós, mães ou tias habilidosas. Preparadas com a colher de pau, na panela de pedra ou ferro,

no forno de barro ou no do fogão de lenha, carregam a doçura da tradição, a inspiração da alma, a poesia que se manifesta à margem dos espartilhos eruditos. Enfim, representam expressões preciosas da cultura popular brasileira. Os profissionais de hoje, empenhados em "desconstruir" essa confeitaria convencional, utilizando técnicas, experiências de laboratório e parafernálias futuristas, deveriam ter a humildade de admitir que suas criações jamais nos darão o mesmo prazer gustativo daquelas que mulheres como Cora Coralina ainda elaboram (graças a Deus!) país afora.

A grande poetisa, contista e doceira nasceu em Villa Boa de Goyaz, ex-capital do estado de Goiás, em uma casa do século XVIII adquirida por seu bisavô e construída junto a uma ponte sobre o rio Vermelho. Ali, aos catorze anos, começou a publicar nos jornais da cidade suas produções intelectuais. Olhando através das janelas da Casa Velha da Ponte, como a chamava, já se inspirava no cotidiano, nas pessoas e nas coisas da terra natal. Entretanto, só lançou o primeiro livro, *Poemas dos becos de Goiás e estórias mais* (1965), quando contava 75 anos. Teve uma vida movimentada. Em 1910, aos 21 anos, casou e mudou para o interior de São Paulo. Morou em Jaboticabal, depois na capital do

Estado, onde se estabeleceu em 1929. O casal teve quatro filhos: três mulheres e um homem. Enviuvando e enfrentando dificuldades financeiras, Cora Coralina tornou-se vendedora de livros da José Olympio Editora. Retornando ao interior, estabeleceu-se em Penápolis, teve loja e pensão. A seguir, transferiu-se para Andradina e, em 1956, regressou à terra natal. Tinham se passado 45 anos. Radicada definitivamente na Goiás do coração, empenhou-se em comprar a antiga residência da família, título dos livros *Estórias da Casa Velha da Ponte* (1985) e *O Tesouro da Casa Velha da Ponte* (1989), e inspiração para o verso "Rio Vermelho", da obra *Poemas dos becos de Goiás e estórias mais*.

> *Rio Vermelho das janelas da casa velha da Ponte...*
> *Rio que se afunda debaixo das pontes.*
> *Que se reparte nas pedras.*
> *Que se alonga nos remansos.*
> *Esteira de lambaris.*
> *Peixe cascudo nas locas.*

Realizou a proeza porque fez doces, ganhou dinheiro com eles e economizou.

Na verdade, a personagem deste apetitoso livro de receitas nasceu Ana Lins dos Guimarães Peixoto. Ao começar a escrever, porém, quis ser apenas Cora Coralina. Por que usar no dia a dia o pseudônimo literário? "Na minha cidade natal, existiam muitas Anas por causa da padroeira local, Santa Ana", contava ela, bem-humorada. "Havia o risco de uma moça mais bonita levar as glórias da minha poesia." Também explicava a etimologia do nome adotado: "Cora vem de coração. Coralina é a cor vermelha. Cora Coralina significa coração vermelho". Cora-coração ou Coralina-vermelho nos legou um acervo literário de altíssimo nível. Conquistou reconhecimento em vida. Mas não parecia achar que o trabalho intelectual fosse mais importante em sua vida. Também se orgulhava de fazer doces. E, com a espontaneidade de sempre, deixou transparecer isso no poema "Estas mãos", publicado em *Meu livro de cordel* (1976):

> *Minhas mãos doceiras...*
> *Jamais ociosas.*
> *Fecundas. Imensas e ocupadas.*
> *Mãos laboriosas.*
> *Abertas sempre para dar,*
> *Ajudar, unir e abençoar.*

P.S. Cora-coração ou Coralina-vermelho, a poetisa da Casa Velha da Ponte, morreu às vésperas de completar 96 anos, doceira.

J. A. Dias Lopes é jornalista, diretor de redação da revista Gosto *e colunista do caderno* Paladar, *de* O Estado de S. Paulo.

Detalhe da casa de Cora Coralina

A Igreja do Rosário

Doces

Entre muitas saudades e recordações de minha terra, avulta e cresce dentro em mim a lembrança de um certo doce que fabricavam na aproximação de Pentecostes, em casa de minha tia Nhorita em Goiás. Eram as *verônicas*, feitas de açúcar escolhido a capricho pela experimentada competência da velha tia, que possuía umas mãos e um paladar verdadeiramente admiráveis para confecção de doces, quitandas, pudins, junto a uma prática de mais de sessenta anos.

Na ocasião das *verônicas* lá se reuniam todas as moças de família, parentes, velhas crias da casa e, não raro, gente estranha, amigas e conhecidas, que espontaneamente se ofereciam, comprazendo-se em ajudar naquele trabalho de gulodice e de fé.

Nada tão característico para definir o espírito religioso do povo goiano e ao mesmo tempo dar uma prova de sua arte de paciência aprimorada e inexcedível em confeitaria, como as *verônicas*...

Ninguém faz ideia do que seja a *verônica*, que pelo nome lembra uma placazinha de metal caro ou barato, tendo impressa a efígie de santo protetor e milagreiro, que é de boa devoção trazer ao pescoço, suspensa de um cordão, a par de santinhos, figas e amuletos preservativos de males reais e imaginários.

Nada disso. A *verônica* a que me refiro é toda feita de açúcar branco em ponto de quebrar, e puxado à mão para alvejar ao calor de brasas, para conservar uma certa elasticidade precisa.

Depois, separa-se em pequenos pedaços que são distendidos em circunferência plana, pouco maiores e mais espessos que uma hóstia. Então, sobre uma mesa forrada, são calcados com um chavão ou placa pesada, de chumbo ou cobre, tendo em baixo-relevo a imagem do Divino, na figura de uma pomba cercada de anjos, nuvens, raios e estrelas, que é perfeitamente gravada no molde de açúcar dando ao doce uma forma linda, original, aliada a uma ideia de fé, de crença e de respeito religioso.

E assim são feitas aos milhares, entretendo durante semanas as primeiras horas do dia de uma multidão de pessoas na pachorra de branquear o açúcar em puxa. Outras a formar as circunferências, outras a calcar, outras a levar ao sol, onde ganham a suprema alvura e suprema dureza de difícil quebra.

Na claridade do dia, em bancos, mesas, caixotes, tabuleiros cobertos de toalhas níveas, alinham-se às centenas, aos milhares, as *verônicas* juntas, iguais, paralelas, jaspeadas, tão alvas que deslumbram, e o olhar só rapidamente demora-se sobre elas.

É da antiga praxe festeira em Goiás serem esses doces repartidos pelo povo na festa do Divino.

Pode alguma velha cidade mineira conhecer de tradição as *verônicas*, mas estou certa de que fora de Goiás ninguém as faz atualmente.

Era de ver-se com que veneração, moças e velhas esmeravam-se naquele trabalho que a boa tia aceitava sem a mínima remuneração pecuniária e no seu zelo religioso agradecia ainda como um favor do céu a preferência que lhe davam encarregando-a daquele piedoso serviço de lambarice e de fé.

Mulher extraordinária aquela saudosa tia, genuinamente goiana, revivendo na sua casa franca e hospitaleira, a vida e hábitos de um passado já quase de todo extinto.

O seu dia, havia mais de cinquenta anos, começava invariavelmente, chovesse embora, ventasse ou fizesse frio, às quatro horas da madrugada, com a primeira missa na antiga Igreja do Rosário.

A sua existência dividia-se entre os doces e as orações. Na vasta dispensa de sua casa antigas gamelas históricas, licenciadas de há muito, contemporâneas de escravos mortos ou envelhecidos, desgastada a madeira em vinte anos seguidos de serviços de massas, guardadas como relíquias, marcando cada qual uma data ou uma coincidência nos anais da casa, que a boa tia contava com admirável lucidez de memória, que fazia tão interessantes suas narrativas.

Receitas

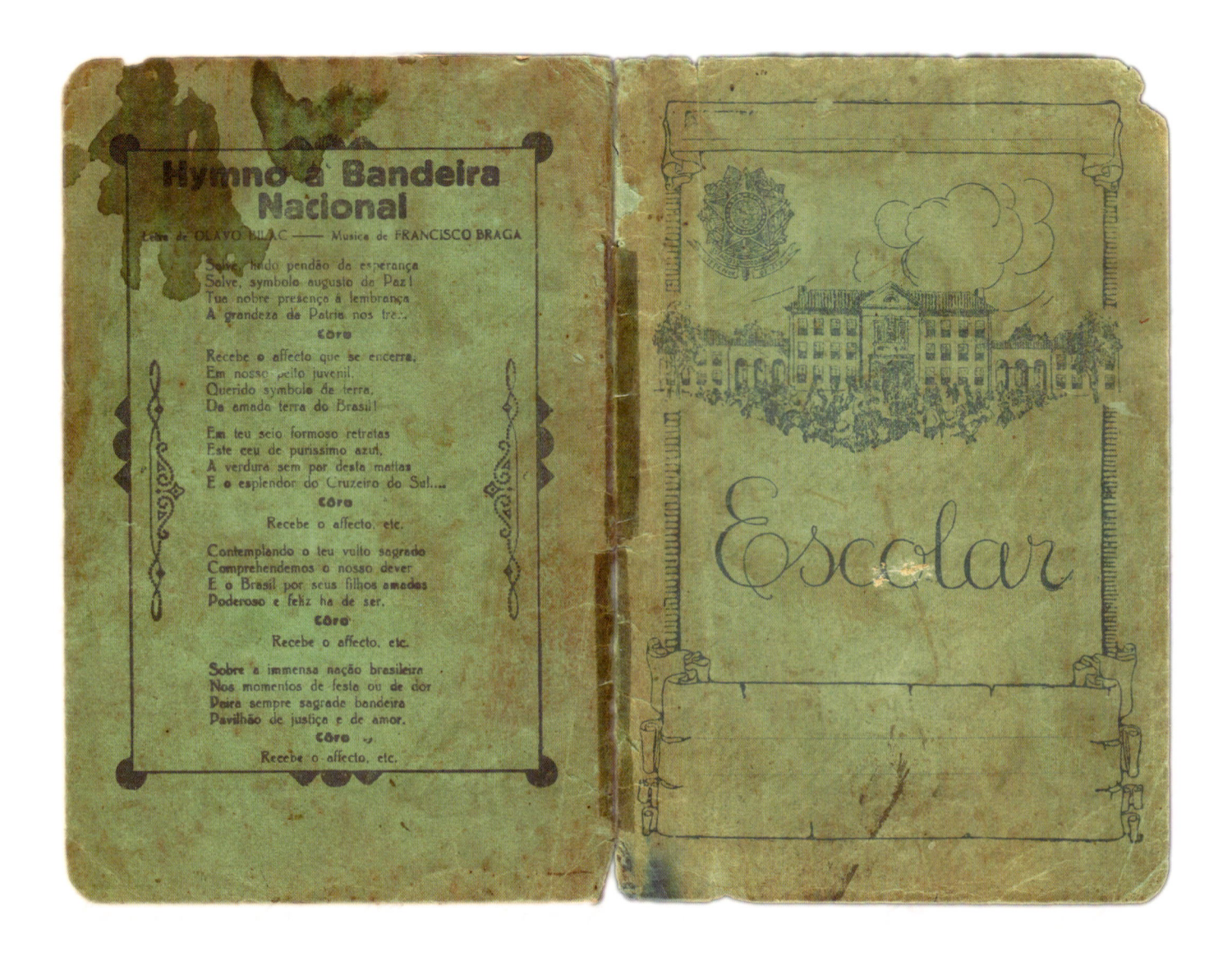

É sempre bom saber os pontos de calda antes de começar.

Geralmente, se começa uma calda misturando 1 quilo de açúcar e 2 xícaras de água
(proporcionalmente à quantidade de ingredientes da receita).

Ponto de fio – calda fina, ferver por aproximadamente 10 minutos.
Ponto de espelho – Calda apurada por aproximadamente 20 minutos.
Calda firme – Calda grossa, apurada por aproximadamente 30 minutos.
Ponto de juntar ou de bala – Calda bem grossa, apurada por aproximadamente 45 minutos. Se
colocado um pouco de calda na água fria (em um prato fundo) ela pode ser juntada com os dedos.

Puxa (para meus netos)

1 tijolo de rapadura (mais ou menos 1 quilo) e meio quilo de amendoim. Raspar a rapadura e colocar no tacho com pouca água. Levar ao fogo e ir mexendo.

O amendoim deve estar torrado e descascado. Pisado ao pilão ou passado em máquina de moer.

Quando a água evaporar e a rapadura começar a juntar (pingue, às colheradas, num prato com água fria para ver se junta), despeje o amendoim, retire do fogo e bata com a colher de pau. Despeje num tabuleiro untado com manteiga. Quando conseguir pegar com as mãos também untadas, puxe – como se faz com bala de coco – e vá formando cordões, que serão estendidos na tábua. Depois de frio, corte no comprimento de mais ou menos 15 a 20 centímetros e enrole em palhas de milho secas, que já devem estar cortadas e preparadas. Amarre as pontas.

Nota
Duram meses, se as crianças deixarem algumas.

1 quilo de rapadura
1/2 quilo de amendoim torrado e triturado sem casca
1 xícara (chá) de água

Preparo

Corte a rapadura em pequenos pedaços e leve a uma panela ou tacho com a água. Deixe ferver até ficar uniforme, em ponto de calda firme (faça o teste: coloque um pouco de água fria em um recipiente e pingue a calda para ver se junta, não se dissolvendo). Coloque o amendoim e deixe apurar em ponto de bala.

Retire do fogo e coloque em uma assadeira untada com manteiga para esfriar (só até conseguir trabalhar com as mãos).

Quando conseguir pegar com as mãos untadas, puxe como se fosse fazer bala de coco e forme cordões, que serão estendidos em uma tábua.

Depois de frio, corte em pedaços de mais ou menos 15cm.

Ambrosia

Ferver o leite com o açúcar, os cravos e a canela. Deixar engrossar. Bater muito bem as claras (em minha casa, uso 10 ovos). Acrescentar as gemas e bater mais, até que desapareça o cheiro dos ovos crus. Despejar no leite fervendo, em fogo baixo e mexer com a colher de pau até que o leite pare de subir.

1 litro de leite	Cravo
1 e 1/2 xícara de açúcar	Canela em pau
4 ovos	Canela em pó

Preparo

Levar o leite ao fogo com o açúcar, a canela e os cravos. Deixar ferver.

Bater as claras em neve, juntar as gemas, batendo bastante.

Despejar sobre o leite fervendo, em fogo baixo. Mexer até ficar uniforme, o leite parar de subir e sumir toda a espuma. Colocar em compoteira. Polvilhar canela em pó e servir gelada.

Creme de leite

2 garrafas de leite, 700 gramas de açúcar, 6 ovos mal batidos. Mistura-se tudo, passando por uma peneira fina. Junta-se baunilha ou limão (caldo). Assar em forno brando, em fôrma caramelizada.

1/2 litro de leite	1 colher (chá) de essência de baunilha
150 gramas de açúcar	1 xícara de açúcar para o caramelo
4 ovos	

Preparo

Derreter uma xícara de açúcar em 1/2 xícara de água. Ferver até formar o caramelo e forrar a fôrma.

Bater os ingredientes no liquidificador. Colocar na fôrma previamente caramelizada e levar ao forno médio (180º) por aproximadamente 30 minutos.

Omelete Sobremesa

Deita-se pão cortado amanhecido em leite fervente e deixa-se embeber.

Junta-se uma xícara de açúcar, uma pitada de sal e mistura-se muito bem 3 ovos batidos.

Deita-se numa frigideira com manteiga, frigindo e virando, como omelete comum. Passa-se, depois, para um prato polvilhado com açúcar e canela, queimando o açúcar com pá em brasa.

2 pães tipo francês amanhecidos
e picados
1 xícara (chá) de leite
1/2 xícara (chá) de açúcar

3 ovos
1 pitada de sal
1 colher (sopa) de canela em pó com 1/2
xícara (chá) de açúcar

Preparo

Coloque os pães picados de molho no leite fervendo e reserve. Bata levemente os ovos com o açúcar. Misture com os pães reservados.
Coloque porções em uma frigideira pequena, untada com manteiga, em fogo médio. Assim que ficar dourada, vire com o auxílio de uma espátula. Deixe dourar dos dois lados.
Polvilhe canela e açúcar.

Dicas

Você pode queimar o açúcar com um garfo aquecido no fogo.
Também pode misturar 1/2 xícara de uvas-passas sem sementes na massa.
Faz 4 omeletes individuais.

Doce de leite

5 litros de leite, 1 quilo de açúcar, pedaços de casca de limão, se gostar, ou canela em pau. Leve ao fogo o tacho com o leite, o açúcar e a canela até que, reduzido e grosso, forme uma massa leve e que deve ser batida, fora do fogo, sempre com uma colher de pau.
O doce deve ser batido mais ou menos, conforme a finalidade: se for para ser cortado em pedaços, deverá ser mais batido e, depois, despejado em tabuleiro para esfriar e cortar; se for para ser comido com colher, deverá ser menos batido.

Nota
Bater o doce vai torná-lo macio.

3 litros de leite
3 xícaras (chá) de açúcar
1 pau de canela ou casca de 1 limão

Preparo
Coloque o leite e o açúcar em uma panela ou tacho e leve ao fogo com um pires virado para baixo (no fundo do tacho) para que o leite não derrame.
Deixe ferver até que comece a engrossar, retire o pires, coloque o pau de canela e mexa sem parar, até dar a consistência de um creme.
Retire do fogo e coloque em uma compoteira. Sirva gelado.
Se preferir o doce em pedaços, deixe mais 20 minutos em fogo baixo, mexendo sempre. Despeje em um tabuleiro para esfriar e corte.

Dica da Vicência
Para o leite não talhar, coloque uma colherinha (café) de bicarbonato, quando o doce começar a engrossar.

Cocada de fita

1 coco carnudo e descascado, paus de canela quebrados, 1 quilo de açúcar.

Descascar fino o coco. Lavar. Cortar em fitas, isto é: as bordas da carne do coco de igual espessura, o mais fino que conseguir.

Enquanto tira as fitas, faça uma calda em ponto de fio. Coloque o coco cortado e deixe ferver até que a calda reduza e comece a açucarar na beira do tacho. Retire do fogo e bata com a colher de pau. Despeje em tabuleiro de madeira e, depois de frio, corte em pedaços. Também pode ser colocado em tabuleiro às colheradas. O tabuleiro deve estar untado com manteiga.

Nota

Se quiser cocada queimada, antes de colocar água no açúcar, vá derretendo o mesmo, sempre mexendo até que queime por igual e não muito escuro; faça isso apenas com a metade do açúcar que irá usar. Depois de queimado, retire do fogo, coloque a água fervente e o restante do açúcar. Deixe ao fogo até o ponto de fio. Retome a receita deste ponto.

---

1 coco grande cortado em fita	2 xícaras (chá) de água
1 quilo de açúcar	2 paus de canela

Preparo

Leve ao fogo o açúcar, a água e a canela e deixe ferver até o ponto de fio. Coloque as fitas de coco, deixe ferver até reduzir e soltar um pouco dos lados. Despeje em uma fôrma retangular untada com manteiga e espere esfriar um pouco.
Corte em diagonal ou em quadrados e sirva.

Dicas

Para tirar a casca com mais facilidade, fure o coco e retire toda a água. Coloque o coco em cima da chama do fogão por 3 minutos de cada lado. Ao quebrar-se, a casca se soltará facilmente.
As fitas de coco podem ser feitas com descascador de legumes.
A cocada poderá ser colocada em colheradas na forma untada.
O coco em fitas pode ser comprado em feiras ou supermercados.

Doce de coco

1 coco bem carnudo, ralado depois de descascado, paus de canela quebrados, 1/2 quilo de açúcar, 5 gemas.

Fazer uma calda em ponto de fio. Colocar o coco e ficar mexendo. Quando a calda estiver reduzida à metade, com o coco já bem pastoso, acrescentar as gemas, que devem estar muito bem batidas para que percam o cheiro de ovo cru.

Logo após, despejar em compoteira.

1 coco fresco ralado	1 xícara (chá) de água
1/2 quilo de açúcar	1 pau de canela
5 gemas	

Preparo

Derreta o açúcar, coloque uma xícara de água, faça uma calda em ponto de fio.
Misture o coco, mexa até reduzir um pouco. Retire do fogo, deixe esfriar, coloque as gemas já batidas e o pau de canela. Misture bem.
Leve novamente ao fogo e deixe cozinhar por aproximadamente 15 minutos, até ficar uniforme. Coloque em compoteira e sirva gelado.

Doce de abóbora com coco

Uma abóbora madura, de bom tamanho. Descascar e lascar. Levar ao tacho, com um quilo de açúcar, cravos e canela em rama. Pouca água. Ir mexendo sempre, ao fogo brando.

No final, despejar um coco ralado, mexer mais um pouco e colocar em compoteira.

1 quilo de abóbora
750 gramas de açúcar
1 coco fresco ralado
Cravo e canela em pau a gosto

Preparo

Rale a abóbora em ralo grosso.

Em uma panela ou tacho vá alternando abóbora, açúcar e coco, até terminar todos os ingredientes. Finalmente, acrescente os cravos e a canela.

Leve ao fogo brando por mais ou menos 40 minutos.

Dica

Em um recipiente com 1 litro de água, uma colher (sopa) de bicarbonato ou cal, coloque a abóbora ralada grossa por exatamente 3 minutos. Lave e escorra toda a água. Isso evita que a abóbora e o coco formem uma papa. E o doce fica mais bonito.

Doce de batata roxa ou branca

Para dois quilos de batatas doces, já cozidas e moídas, 1 quilo de açúcar e 1 litro de água.
Leve ao fogo, mexendo sempre. Cuidado, pois irá desprender bolhas, que saltarão.
Uma colher de pau de cabo longo resolverá o problema.
Quando começar a açucarar nas bordas do tacho, retire do fogo, bata bem com a colher
e, depois, com o auxílio de duas colheres de sopa, vá retirando a massa e colocando em
tabuleiros onde foi espalhada uma leve camada de açúcar refinado. Leve
para secar ao sol.
Ficarão com a forma da colher, com mais ou menos três centímetros de comprimento, por
dois centímetros de altura.

Nota
Da mesma forma, faz-se com a abóbora madura.

---

2 quilos de batata-doce cozida e passada no espremedor
1 quilo de açúcar

Preparo

Misture os ingredientes, leve ao fogo em uma panela ou tacho, mexendo até soltar por completo do fundo.

Você pode usar duas colheres para dar forma ao doce ou pode despejar a massa em uma fôrma de bolo inglês forrada com papel filme (PVC). Deixe esfriar, vire em uma bandeja e sirva gelado.

Doce de banana

Dois quilos de bananas nanicas ou prata ou de macaco (assim conhecida uma espécie encontrada em Goiás), um quilo de açúcar cristal ou refinado, pedacinhos cortados de fava de baunilha.

Amassar as bananas, que deverão estar bem maduras. Levar ao fogo, mexendo constantemente. Quando começar a açucarar nas bordas do tacho, retire do fogo, bata com a colher e despeje em tabuleiro, onde foi espalhada uma leve camada de açúcar refinado.

Depois de frio, cortar em tiras ou losangos.

Levar ao sol, para acabar de secar.

---

2 quilos de banana-nanica ou prata sem a casca
1 quilo de açúcar

Pedaços de 1 fava de baunilha aberta ou 1 colher (sopa) de essência de baunilha

---

Preparo

Coloque todos os ingredientes em uma panela ou tacho.

Leve ao fogo brando até começar a desmanchar, misture para que fique bem uniforme e cremoso e mexa até começar a soltar do fundo da panela, para o doce de colher.

Para o doce em pedaços, apure por mais 10 minutos, despeje em tabuleiro e corte em tiras ou losangos.

Dicas

Depois de várias tentativas nossas, o doce continuava desbotado. Talvez Cora tivesse um segredinho. Nosso segredinho foi acrescentar água aos poucos, até chegar à cor desejada.

Laranjada

Descascar fino laranjas-da-terra, tirar os bagaços e lavar bem.
Levar ao fogo por uns dez minutos. Trocar a água várias vezes por dois ou três dias, até perder o amargor. Ferver mais uma vez, até amaciar. Depois, passar em peneira.

Para cada quilo de massa, 1 quilo de açúcar.
Faz-se a calda em ponto de espelho, à qual se junta a massa, mexendo sem parar.
Antes de chegar ao ponto, junta-se o caldo de três laranjas doces para cada quilo de açúcar. Continua no fogo até aparecer o fundo do tacho. Deita-se, depois, em latas ou caixas polvilhadas de açúcar.

Nota
As latas ou caixas onde se despeja a laranjada podem ser forradas com papel manteiga.

Dica
É possível encontrar em supermercados a laranja pronta para colocar na calda.

Doce de cidra

Cidras verdes, porém crescidas, raladas com a casca, calda em ponto de fio, cravos-da-índia.

Depois de raladas, colocar as cidras em sacos feitos de tecido ralo, dar uma aferventada rápida e ir trocando a água várias vezes ao dia, por mais ou menos três dias, até que saia todo o amargor.

Quando estiver boa, espremer o saco com a fruta para escorrer bem. Colocar na calda com os cravos e deixar cozinhar em fogo lento. Despejar em compoteiras.

1 quilo de cidra ralada com a casca	2 xícaras (chá) de água
400 gramas de açúcar	10 cravos

Dica

Compre em supermercados a cidra pronta para pôr na calda.

Tempo do vintém de cobre

No tempo do vintém de cobre era uma pobreza tranquila, acomodada, aceita, tácita, nenhuma revolta. Presente o medo de fazer dívidas; diziam os experientes: "mais antes dormir com fome do que acordar com dívidas".

Era mesmo um estado geral, conveniente, familiar, natural, por todos os lados que se olhasse, por todos os buracos de fechaduras que se pesquisasse, tudo igual, meu colegiado fraterno, cada qual agarrado ao seu bocadinho, unidos, sobreviventes do naufrágio que naufragou a todos.

Dois tipos de pobreza, a pobreza dos ricos com sua venda, loja, cargos políticos, governistas – um sodalício. A pobreza da classe média agregando parentes arruinados, afilhados e compadres parados e estacionados na sombra de um ascendente funcionário público, rotineiro, direto e pontual.

A casa era uma pobreza fecunda. Trabalho caseiro, obscuro, incessante. A equipe, cada qual se virando, inventando seus meios inconscientes, todos, no esforço de não romper a linha, não quebrar a unidade, não resvalar para a pobreza absoluta – a indigência. "Ralando vidro com a bunda" – expressão muito corrente e repetida sem compaixão ou princípio de solidariedade: fulano estava ralando vidro com a bunda.

E a vida continuava parada, esforçada, cada qual inventando um meio de sobreviver, em equipe, agregados. Assim foi e sobrevivemos, medíocres, que algumas inteligências reveladas em leituras, trovas e versos não levaram a nada.

Dois tios que partiram em busca de melhorar – um morreu tuberculoso quando voltava de estudos na Universidade de Louvain, na Bélgica. Morreu no vapor que o trazia de volta e o corpo do tísico (thysico – assim, se escrevia) foi atirado ao mar, contavam em suspiros e tardias lágrimas. O outro, anos depois, tentou o Rio de Janeiro, São Paulo, Ouro Preto. Sobreviveu a febre amarela, varíola, bubônica, que arrasavam.

A bubônica vinha nos navios. Eram portadores os ratos do porão. Alcançavam a terra, sobreviviam e disseminavam a doença. O serviço de saúde dos portos criou a quarentena para os barcos que aportavam. Criou a Brigada dos mata-ratos. A prefeitura das cidades portuárias estabeleceu tributos. Pagava a quem apresentasse ratos mortos. E iam, adultos e crianças à caça dos ratos, apanhar seus vinténs, valiosos no tempo.

Só os ricos (riqueza daquele tempo) viviam com o necessário. Nós, classe média, vivíamos com o indispensável e entre um e outro ia acentuada diferença. Às vezes, com um certo dinheirinho a gente queria comprar alguma coisa fora do trivial; aí vinha o rolo compressor dos adágios de alta substância – "quem compra o supérfluo vê-se obrigado a vender o necessário". Era o duelo gelado arrefecendo o entusiasmo e tudo ficava do mesmo tamanho.

A pobreza da casa era vigiada pelo ferrolho, medida pela economia e aproveitamento de coisas diminuídas e relegadas – casca de melancia... comido o vermelho, aproveitava-se o branco. Dava, picadinho e apimentadinho, um guisado gostoso. Lascado, cozido na calda lentamente com cravo e pau de canela, era doce apreciado.

Cascas de frutas – jabuticaba, banana, ananás – iam para o pote de vinagre. Cinza do paiol para o barreleiro. Torresmo, couro, gorduras rançosas, para a lata de sabão.

Guardava-se e apurava-se a tiborna e comia-se em dias piores um esparregado de folhas novas cortadinhas de quiabeiro com feijão e angu de farinha de milho. O café era esturrado para manter sua cor forte com sacrifício do paladar. Comia-se refogadinho de folhas de tomateiro e saladas de beldroegas.

Laranjas, bananas tinham seu mote registrado: de manhã é prata, meio-dia é ouro, de noite, mata. Correndo o risco, a gente comia escondido, fora do regulamento. Depois ia ajoelhar no oratório, pedir aos santos que não deixassem a gente morrer.

Na Casa Velha da Ponte

Bolo de araruta

500 gramas de araruta, 500 gramas de açúcar, 1 coco ralado, 6 gemas, 1 colher de manteiga, sal, canela.

Bate-se tudo bem batido e assa-se em forno brando, em fôrma untada e polvilhada com farinha de trigo.

300 gramas de araruta
2 xícaras (chá) de açúcar
200 gramas de coco fresco ralado fino
6 gemas

100 gramas de manteiga
1 pitada de sal
1 colher (sobremesa) de canela em pó

Preparo

Bata as gemas com o açúcar por 10 minutos até virar um creme. Misture a manteiga, a araruta, o coco ralado, a canela e o sal. Coloque em uma assadeira untada com manteiga e farinha, leve ao forno médio (180°) por aproximadamente 30 a 40 minutos.

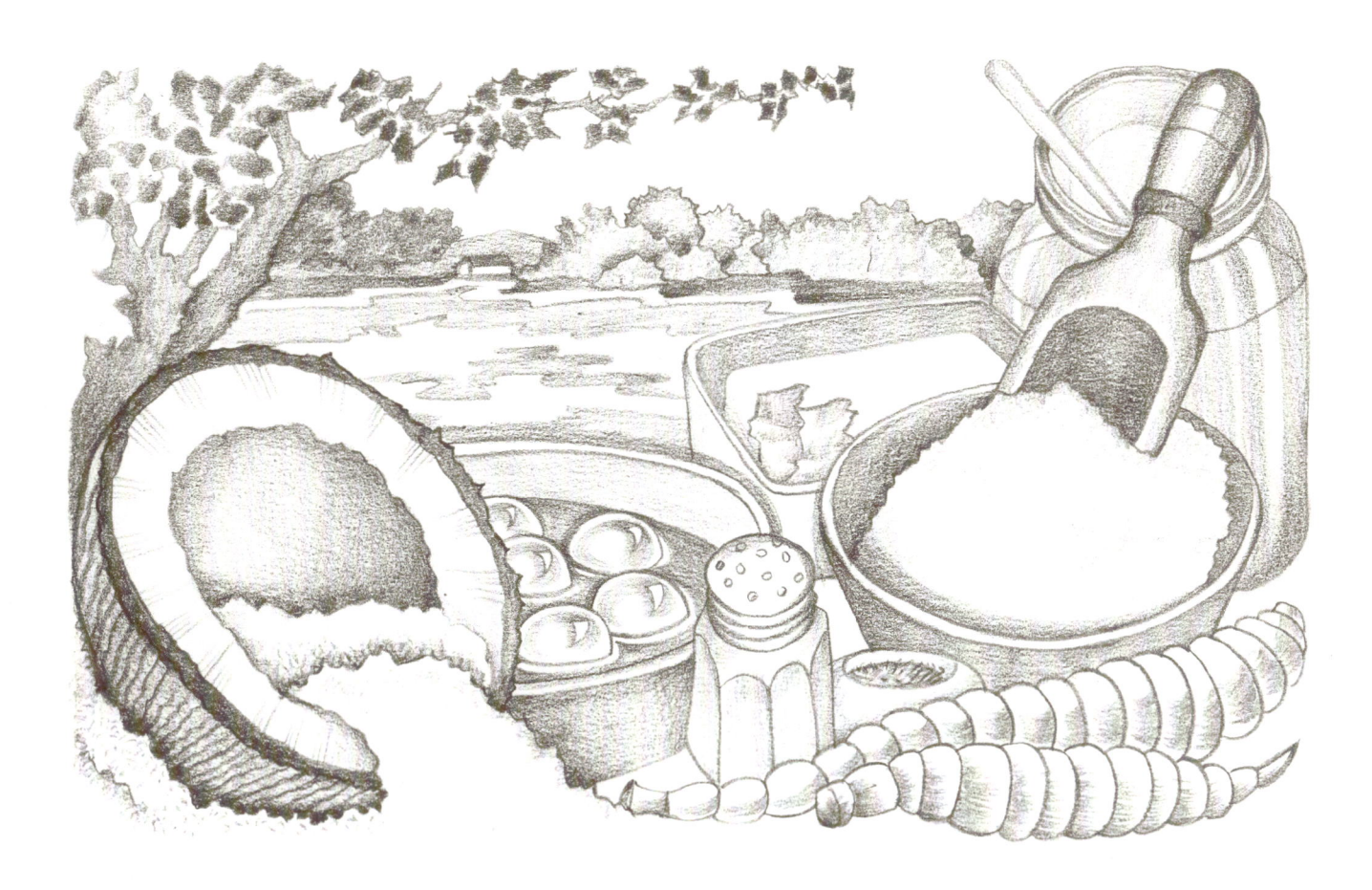

Bolo fofo de cará

1 quilo de farinha de trigo, sendo a metade para fermento (desmanchar 1/2 tablete de fermento em meio copo de leite morno e juntar com a farinha separada, deixar crescer)

1 prato de cará cozido e peneirado ou passado na máquina de moer

10 ovos, 1 libra de açúcar, 3/4 de banha, sal e erva-doce.

Junta-se tudo ao fermento, amassando-se muito bem.

Deixa-se depois em fôrmas para crescer, assando-se depois em forno regular.

Esponja
1 copo de leite morno
100 gramas de farinha de trigo
100 gramas de fermento
biológico

Massa
2 xícaras (chá) de cará cozido
1 colher (chá) de sal
1 copo de açúcar

4 ovos
1/2 copo de óleo de girassol
1 colher (sopa) de semente de
erva-doce
1 quilo de farinha de trigo

Calda
1 xícara de açúcar
1 xícara de água fervente

Preparo
Bater no liquidificador os ingredientes da massa (menos a erva-doce e a farinha).
Colocar em uma bacia e juntar 700 gramas de farinha, sovando bem. Deixar crescer até dobrar de volume. Juntar o restante da farinha e sovar até soltar das mãos.

Sugestão de apresentação
Dividir em 6 partes iguais, esticando cada parte na forma de cordão até 45cm.
Fazer duas tranças, colocar em assadeira e deixar crescer.
Assar em forno pré-aquecido a 180° até dourar.
Enquanto as tranças assam, derreter o açúcar, acrescentar água fervendo e deixar apurar.
Retirar as tranças do forno e pincelar com a calda de açúcar.

Bolo General Rocca

Bate-se uma xícara de manteiga com 2 ditas de açúcar até ficar um creme esbranquiçado; junta-se-lhe depois 3 xícaras de farinha de trigo, continuando a bater por algum tempo.

Junta-se depois 1 xícara de leite, mexendo-se sempre. Junta-se depois 4 gemas bem batidas e 1 colher (de sopa) de fermento.

Assar em fôrma untada e polvilhada com farinha de trigo.

---

4 ovos
2 xícaras (chá) de açúcar
1 xícara (chá) de manteiga sem sal
1 xícara (chá) de leite

3 xícaras (chá) de farinha de trigo
1 pitada de sal
1 colher (sopa) de fermento em pó

Preparo

Na batedeira coloque as gemas, o açúcar e a manteiga e bata até virar um creme esbranquiçado.

Misture a farinha, o leite, o sal e o fermento e leve à batedeira novamente, até que a massa fique uniforme.

Desligue a batedeira, adicione as claras em neve, misture levemente e despeje em uma fôrma untada com manteiga e farinha de trigo.

Leve ao forno (180°) para assar por aproximadamente 40 minutos.

Dica

Peneire 1/2 xícara de açúcar de confeiteiro sobre o bolo.

Bolo Almirante

400 gramas de açúcar, 400 gramas de farinha de trigo, 400 gramas de manteiga, 12 ovos. Batem-se as claras até ficarem crescidas e firmes; junta-se as gemas e continua-se a bater.

Bate-se a manteiga com o açúcar. Junta-se os ovos, a farinha e 100 gramas de passas e 1 cálice de cognac bom.

Vai ao forno em fôrma alta. Depois de pronto, machuca-se ao fogo brando 1 lata de marmelada, com o que se cobre o bolo, polvilhando com açúcar cristalizado.

Massa	1 cálice de conhaque
8 ovos	
400 gramas de açúcar	Cobertura
400 gramas de manteiga	200 gramas de marmelada picada
400 gramas de farinha de trigo	1/2 copo de água
100 gramas de uvas-passas	

Preparo

Bata as claras em ponto de neve bem firme. Junte as gemas, continuando a bater por aproximadamente 15 minutos. Reserve. Bata a manteiga com o açúcar até virar um creme fofo. Junte os ovos reservados mexendo cuidadosamente. Acrescente a farinha de trigo aos poucos, as uvas-passas e por último o cálice de conhaque. Coloque em fôrma untada com manteiga e polvilhada com farinha de trigo, leve ao forno (180°) por aproximadamente 40 a 45 minutos.

Cobertura

Leve a marmelada e a água ao fogo baixo por aproximadamente 10 minutos para que a marmelada fique uniforme, deixe esfriar e cubra o bolo.

Dica

A fôrma deve ser grande e alta, pois apesar de a receita não levar fermento, o bolo cresce bastante. Quando mais se bate a massa, mais cresce.

Bolo Bahiano

1 prato de mandioca crua ralada e bem espremida num pano grosso, 1 dito de queijo ralado (duro), 1 coco ralado, 1/2 libra de manteiga, 1/2 quilo de açúcar.

Bater 18 ovos com o açúcar, bem batidos.

Reúnem-se numa vasilha a mandioca, o queijo, o coco e a manteiga; mistura-se tudo muito bem, deita-se então os ovos batidos e leva-se ao forno quente.

1/2 quilo de mandioca crua, ralada e espremida em um guardanapo de tecido
100 gramas de queijo parmesão ralado ou queijo meia cura

200 gramas de coco fresco ralado fino
200 gramas de manteiga
2 xícaras (chá) de açúcar
6 ovos batidos

Preparo

Misture todos os ingredientes, os ovos por último. Coloque em assadeira untada com manteiga e polvilhada com farinha. Leve ao forno (180º) para assar por aproximadamente 50 minutos.

Bolo de nozes

Bate-se 1 xícara de manteiga com duas de açúcar. Depois de bem batido, junta-se 4 gemas, continuando a bater. Junta-se a farinha de trigo, 100 gramas de nozes moídas, as claras em neve e 1 colher de fermento.

Estando tudo bem batido, leva-se ao forno em fôrma untada com manteiga. Corta-se o bolo em 5 fatias e entre elas passa-se o seguinte creme: 4 colheres de açúcar, 3 colheres de água e 3 de vinho do Porto. Ferve-se tudo, mistura-se 1 xícara de nozes moídas e 4 gemas. Cobre-se com suspiro.

Massa	Recheio
1 xícara (chá) de manteiga	3 colheres (chá) de açúcar
1 xícara (chá) de açúcar	5 colheres (sopa) de água
2 xícaras (chá) de farinha de trigo	4 colheres (sopa) de vinho do Porto
4 ovos	1 xícara (chá) de nozes trituradas
100 gramas de nozes trituradas	4 gemas
1 colher (sopa) de fermento em pó	

Preparo

Bata a manteiga com o açúcar até ficar um creme, junte as gemas e continue batendo. Junte a farinha de trigo aos poucos, o fermento, as nozes e, por fim, as claras em neve. Coloque em fôrma untada com manteiga e polvilhada com farinha de trigo. Asse em forno a 180° por aproximadamente 35 a 40 minutos.

Recheio

Leve o açúcar ao fogo e deixe derreter. Coloque a água e deixe incorporar. Junte o vinho e as nozes e retire do fogo.

Depois de frio, junte as gemas e leve ao fogo novamente até ferver. Corte o bolo ao meio e recheie com esse creme.

Bolo de mel

1 xícara (chá) de mel, 2 colheres de manteiga, 2 xícaras de farinha de trigo e 1 colher de fermento inglês.

Bate-se muito bem a manteiga com o mel, junta-se os ovos batidos separados, por último a farinha misturada ao fermento. Assa-se em 2 fôrmas iguais.

Bate-se um pouco de mel até ficar como creme, que servirá para ligar os dois bolos.

Bate-se uma clara com duas colheres de açúcar. Junta-se-lhe caldo de limão e cobre-se o bolo com essa glace, enfeitando com amêndoas lascadas.

Massa
1 xícara (chá) de mel
4 colheres (sopa) de manteiga
2 xícaras (chá) de farinha de trigo
1 colher (sobremesa) de fermento em pó
6 ovos

Recheio
1 xícara de mel

Cobertura
1 clara de ovo
2 colheres (sopa) de açúcar
1 colher (sopa) de sumo de limão

Preparo

Bata a manteiga com o mel até formar um creme, junte as gemas, a farinha, o fermento e bata por aproximadamente 10 minutos, misture delicadamente as claras em neve.

Asse (forno a 180°) em fôrma untada com manteiga e polvilhada com farinha de trigo por aproximadamente 40 minutos.

Após esfriar, corte o bolo ao meio, recheie com o creme de mel e cubra com o glacê.

Recheio

Bata o mel por aproximadamente 5 minutos, até ficar um creme.

Cobertura

Bata a clara com o açúcar e o sumo de limão até formar um glacê. Cubra o bolo. Você pode espalhar lascas de amêndoas sobre o glacê.

Bolo de trigo

2 xícaras (chá) de açúcar, 6 ovos, 3 xícaras (chá) de farinha de trigo, 1 xícara (chá) de manteiga e 1 colher (sopa) de fermento.

Bate-se tudo muito bem e leva-se ao forno em fôrma untada.

2 xícaras (chá) de açúcar
4 ovos
3 xícaras (chá) de farinha de trigo
150 gramas de manteiga sem sal

1 colher (sopa) de fermento em pó
1 pitada de sal
1 xícara (chá) de leite

Preparo

Bata as claras em neve e reserve.

Em outro recipiente, bata o açúcar, as gemas, a manteiga e o leite por 10 minutos. Acrescente a farinha de trigo e o fermento, bata mais um pouco.

Coloque as claras em neve e misture delicadamente.

Use fôrma untada com manteiga e polvilhada com farinha de trigo.

Asse por 40 minutos em forno a 180º.

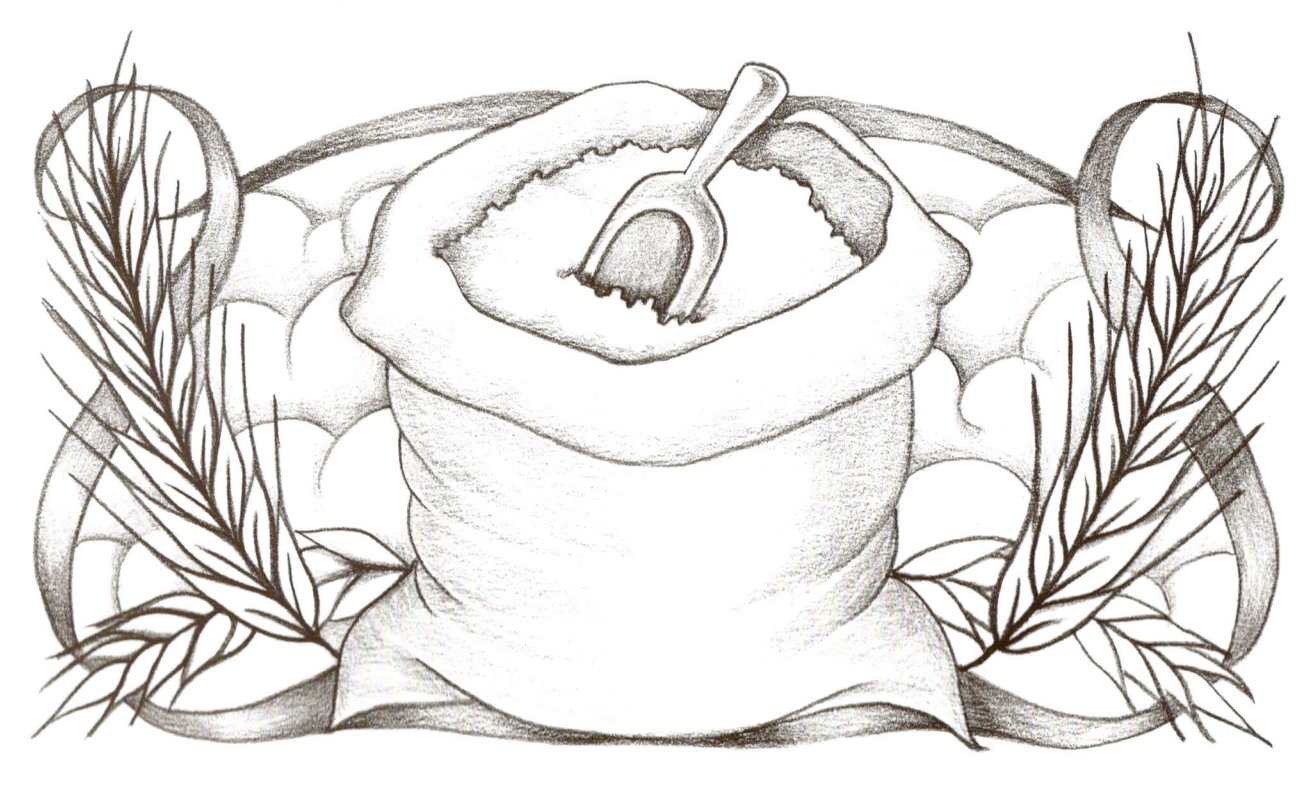

Roscas da Eunice

2 quilos de farinha de trigo, 1 quilo de açúcar, 1 litro de leite, 6 ovos, 1 prato de banha e manteiga, 2/3 de xícara (chá) de canela em pó, 1 tablete de fermento, 1 gema desmanchada e açúcar cristal para polvilhar.

Desmanchar o fermento em leite morno. Colocar uma parte da farinha, misturando bem. Deixa-se crescer até dobrar de tamanho.

Misturar os ovos, a banha, a manteiga, o açúcar, a canela e o resto da farinha e do leite. Sovar bem.

Fazer as roscas (quatro grandes). Pincelar com gema desmanchada e polvilhar com açúcar cristal.

Assar em forno quente.

Esponja
100 gramas de fermento biológico
1 copo de leite
100 gramas de farinha de trigo

Massa
3 ovos

50 gramas de manteiga
2 colheres (sopa) de canela em pó
1 copo de açúcar
900 gramas de farinha de trigo
1 colher (café) de sal
2 gemas

Preparo

Para a esponja, dissolva o fermento no leite e junte a farinha de trigo; reserve até dobrar de volume.

Misture todos os ingredientes da massa e acrescente a esponja. Sove até soltar das mãos.

Divida em quatro partes iguais, fazendo três cordões por rosca. Trance os cordões e deixe crescer novamente. Pincele com as gemas pouco batidas.

Leve para assar em forno pré-aquecido a 200º por aproximadamente 30 minutos.

Dica

Para dar brilho, após assadas, pincele com uma calda de açúcar e polvilhe com açúcar cristal.

Mãe Benta

500 gramas de manteiga, 500 ditos de açúcar, 18 gemas, 6 claras, 1 coco ralado e 500 gramas de farinha de arroz.

Primeiro batem-se os ovos com açúcar. Na hora de ir ao forno, mistura-se o coco, a farinha de arroz e a manteiga derretida.

Assa-se em forminhas, e quando estiverem coradas abre-se o forno (quente) para rebentar.

Nota
Pode-se acrescentar água de flor de laranjeira.

6 ovos

300 gramas de açúcar

300 gramas de manteiga sem sal

300 gramas de farinha de arroz

1 coco fresco ralado

Preparo

Na batedeira, bata os ovos e o açúcar por 15 minutos. Coloque a manteiga derretida, a farinha de arroz e por último o coco ralado. Bata mais um pouco por aproximadamente 3 minutos. Coloque em forminhas grandes de empadinha untadas e leve ao forno (180º) até dourar.

Curiosidade

Esta receita tem sua origem no Rio de Janeiro do começo do século XIX, tendo sido criada por Benta, mãe do cônego Geraldo Leite Bastos, que vivia de fazer e vender doces. Sua casa estava sempre cheia e todos eram recebidos com guloseimas. Este bolinho era o preferido, e ficou conhecido como mãe-benta.

Casa de Dona Dita, em Goiás

Lembranças de minha avó

Nas vezes em que estive em "Goiás Velho", com minha avó ainda viva, tive a felicidade de acompanhá-la no seu trabalho de doceira, aprendizado que não se esquece jamais.

As frutas (mamão, laranja, banana, figo) chegavam por vendedores que batiam à porta, ou eram compradas no Mercado Municipal, logo ali, perto da Casa Velha da Ponte da Lapa.

Para cada fruta havia um ritual próprio. O figo, por exemplo, recebia um corte pouco profundo, em forma de cruz, na extremidade mais achatada. Depois recebia uma leve fervura. Após esfriar, era colocado em uma bandeja e ia para o *freezer* da geladeira. Depois de totalmente congelado, podia ser descascado com facilidade, com o simples esfregar dos dedos.

O doce de laranja azeda era o melhor de todos, para o meu paladar. Inicialmente a casca das frutas era ralada de modo bem uniforme. Em seguida eram feitos dois cortes, passando pelo eixo das frutas, dividindo-as em quatro "pétalas" cada uma.

Retirado o miolo, as "pétalas" iam para uma espécie de gamela de madeira, que ficava recebendo água da biquinha debaixo da casa, por pelo menos 24 horas, para tirar o amargo. Depois eram postas para cozer até ficarem macias.

Então as "pétalas" eram passadas em uma calda bem grossa, justapostas duas a duas, com a parte ralada (a parte convexa) para fora e colocadas a secar ao sol, numa espécie de jirau, quando a calda grossa formava o glacê, liso, brilhante. Não com açúcar cristal, como se vê hoje em dia.

O doce de banana era feito preferencialmente com banana-prata, muito abundante e de boa qualidade em Goiás. Era feito em massa, com o ponto bem apurado.

Na hora certa, era despejado sobre uma pedra ou tábua, previamente salpicada com açúcar refinado, esparramado para ficar com espessura uniforme e deixado para esfriar. Posteriormente era cortado em tiras de 1,5 a 2cm de espessura por 10 a 15cm de comprimento. Passados no açúcar, iam ao sol, para a secagem final.

Igreja de São Francisco

74

Dizia minha avó que doceira só podia sujar dois dedos de uma das mãos (o indicador e o polegar), usando-os para virar, mudar de posição ou testar o ponto. "Doceira que lambreca toda a mão não é doceira."

O ritual

Por encomenda feita em Goiânia, minha avó tinha caixas de papelão de dois tamanhos: para meio quilo e para um quilo de doce. Forrada a caixa com papel celofane, ia sendo preenchida com camadas de variedades diferentes, cada uma separada da outra com um pedaço do mesmo papel, cortado no tamanho exato da caixa.

Após a última camada, mais um pedaço de papel e o fechamento com a tampa. Ainda não terminou! A caixa era então embrulhada com papel também encomendado em Goiânia e finalmente amarrada com um barbante ornado com um delicado fio metálico enrolado em espiral.

Presenciei a seguinte cena:

Um comprador visitante aguardava serem preparadas suas caixas encomendadas. Quando as viu fechadas, sentenciou:

— Dona Cora, não precisa embrulhar nem amarrar, pois estou com um pouco de pressa!

Sem nenhuma hesitação ou exaltação, minha avó limpou as mãos no avental que sempre trazia à cintura, saiu de perto da mesa onde preparava as embalagens e calmamente disse:

– Fulano, da próxima vez que você vier a Goiás, você levará meus doces. Doce meu só sai daqui em caixa embrulhada e amarrada.

Obviamente o visitante abdicou da pressa e solicitou que o ritual fosse completado.

Veem-se hoje doces à venda, em Goiás, como sendo receitas de minha avó, mas em nada eles se parecem com os originais em termos de sabor, aparência e acabamento.

Minha avó dizia e escrevia que se considerava muito mais doceira do que escritora. Quem conhece sua obra literária, mas não conheceu seus doces, pode imaginar o que eram aqueles pitéus.

Salve a grande doceira, minha avó Cora!

Flávio de Almeida Salles Júnior é advogado e jornalista, neto de Cora Coralina, filho de Jacintha Philomena Brêtas de Almeida Salles.

Os doces famosos de Cora Coralina

No cerrado goiano, a época de frutas se estende de setembro a janeiro e fora dessa época fica difícil encontrar frutas frescas. Talvez por essa razão, conservar as frutas de várias formas seja um costume tão difundido.

A doceira e poeta explicava que seus doces eram diferentes porque eram glacerizados, escorridos em peneira, mergulhados um a um na calda reduzida, escorridos em peneira e secos ao sol. E dizia (ou reclamava) que era difícil encontrar quem quisesse enfrentar com ela esse trabalho.

Alguns de seus doces passavam por uma solução de hidrocal, com uma colher (sopa) de cal virgem dissolvida em 1 litro de água. A cal pode ser substituída por bicarbonato. Este processo dá aos pedaços de fruta uma casquinha crocante, que ficará melhor quando os pedaços forem glacerizados.

Os doces das páginas 78 a 87 foram feitos por Eduardo Antonio Salles Galvão Leite, bisneto de Cora Coralina, filho de Maria Creusa, segundo as receitas da bisavó.

Frutas como laranja-da-terra ou cidra, que precisam passar por lavagens repetidas para perder o amargor, ficavam horas ou dias sob a bica da Casa Velha da Ponte. A água dessa bica é de uma nascente que aparece no subsolo da casa e chega por uma calha de madeira tosca até o quintal. E corre permanentemente para o rio Vermelho, desde o século XIX.

Água boa

Doce de mamão vermelho

Mamão de qualquer tamanho, vermelho, quase maduro, super firme.

Descasque o mamão, retire as sementes e corte em pedaços.

Coloque os pedaços em água com bicarbonato ou cal virgem de construção, uma colher de sopa para cada mamão médio.

Depois de uma hora lave os pedaços em água pura.

Prepare, à parte, calda em ponto de espelho, quantidade suficiente para cobrir os pedaços.

Quando ela estiver no ponto, coloque os pedaços de mamão e em fogo lento espere até que fiquem macios. Deixe dormir na calda, apurando no dia seguinte.

Com o auxílio de uma colher de pau ou escumadeira, coloque para escorrer em peneira de taquara. Enquanto isso, apure bem a calda restante, até que comece a açucarar.

Depois de escorridos, passe os pedaços de mamão na calda apurada para que fiquem glacerizados. Acabe de secá-los ao sol.

Nota

O bicarbonato ou a cal servem para deixar os frutos durinhos por fora e macios por dentro.

1 mamão de 2 quilos
1 colher (sopa) de bicarbonato ou cal virgem
1 quilo de açúcar cristal

Preparo

Siga a receita, mas antes de colocar os pedaços de mamão na calda, faça furos com o garfo para que a calda penetre durante o cozimento.

O tempo de cozimento é de 3 a 4 horas.

Dica

Se quiser uma apresentação mais simples, você pode levar a calda ao fogo, deixando apurar em ponto de calda firme, enquanto os pedaços já cozidos escorrem. Acrescente o mamão, deixe ferver por mais ou menos 10 minutos, coloque em uma compoteira e sirva frio.

Doce de figo verde

Afervente o figo verde (que deverá estar durinho), em água com bicarbonato ou cinza de fogão a lenha *. Para cada 100 figos coloque uma colher de sopa de bicarbonato ou uma xícara de cinza. Deixe esfriar e coloque no congelador com a água que ferveu.

No dia seguinte, com os figos ainda meio congelados, retire a pele, que sairá com a maior facilidade, e corte a parte inferior em forma de cruz. Lave-os.

Prepare, à parte, calda em ponto de espelho **, quantidade que deverá cobrir os figos. Quando estiver pronta, coloque os figos e, em fogo lento, espere até que fiquem macios ***. Deixe na calda de um dia para o outro e só depois apure.

No dia seguinte, torne ao fogo para apurar a calda (na parede do tacho, começa a açucarar). Tire o tacho do fogo e, em movimentos de meio círculo de seus braços sobre o tacho, vá misturando os figos e revirando-os na calda. Note que a calda vai engrossando, açucarando.

Depois, com um garfo, retire um a um os figos e coloque-os sobre tabuleiros. Estarão glacerizados. Nunca se deve passá-los em açúcar cristal, o glacê é a própria calda. Acabam de secar ao sol.

Nota

O bicarbonato (ou a cinza) no qual os figos devem ferver por apenas cinco minutos, facilita a retirada da pele e os conserva bem verdinhos.

Dicas do bisneto
* Encontram-se em supermercados figos sem a pele. Prepare a calda e siga a receita.
** Para 2 quilos de figos, 1 quilo de açúcar.
*** De 2 a 3 horas.

Doce de laranja

Laranjas-da-terra, ainda verdes, porém perto do amadurecimento. Descascar bem finas. Depois, cortar em quatro, sem separar as partes. Retirar, com cuidado, o bagaço. Lavar bem. Dar uma fervura de dez minutos. Retirar do fogo e deixar de molho, trocando a água várias vezes por dia, durante dois ou três dias, até que o amargor seja eliminado. Lavar bem. Preparar uma calda em ponto de espelho, suficiente para cobrir as laranjas*. Colocar cravos-da-índia (uns 10) e colocar as laranjas com cuidado para que não se quebrem as partes. Ao fogo lento, deixar cozinhar até amaciar. Deixo dormir em calda** e só apuro no dia seguinte ou, ainda, deixo ferver mais algum tempo, torno a deixar mais uma noite na calda e apuro dois dias depois. Retirar as laranjas uma a uma, com o auxílio de uma escumadeira, pôr numa peneira de taquara para que escorram bem da calda. Apurar a calda em separado, e passar as laranjas, cuidadosamente, para glacerizá-las. Colocar em tabuleiros, juntando as pétalas duas a duas. Acabar de secar ao sol. Da mesma forma, se faz doce de cidra.

Pulo do Gato

Quando o amargor for eliminado, após os dias trocando a água, passar uma colher de sobremesa na parte de dentro da laranja, retirando uma porçãozinha da polpa, que deve estar mole e que é mais amarga.

Dicas do bisneto
Atualmente encontram-se laranjas pré-prontas no supermercado.

* 1 quilo de açúcar (de preferência cristal) para 2 quilos de laranja.
** Uma noite de descanso na calda é suficiente.

Doce de abóbora

Uma abóbora de bom tamanho, madura.

Descascar, tirar as sementes e cortar em pedaços*. Colocar em água
com cal virgem (solução hidrocal). Depois de uns dez minutos, lavar em
água corrente.

Preparar uma calda fina**, que cubra os pedaços da abóbora. Ferver em fogo
brando até amaciar, com paus de canela e/ou cravos-da-Índia.

Apurar no dia seguinte.

Se quiser glacerizados, retirar da calda os pedaços e pôr numa peneira
de taquara para escorrer bem. Voltar a calda ao fogo para apurar bem.
Passar os pedaços e colocar em tabuleiros que irão ao sol para secar os pedaços
do doce.

Nota

Não se deve mexer o doce para não quebrar os pedaços da abóbora. Se precisar
virar no tacho, que seja cuidadosamente, um a um, com um garfo.

Dicas do bisneto

* Cortar em cubos de 4 x 4cm.

** Para 2 quilos de abóbora, 1 quilo de açúcar.

Passas de caju

Caju nativo, pequeno (mais ou menos 5cm de altura), azedo e maduro.
Retire a castanha, lave bem e, depois, fure os cajus com um garfo e esprema, retirando um pouco de suco. Coloque os cajus em tacho de cobre com água e açúcar suficientes para dar o ponto de fio. Leve ao fogo lento sem mexer.
Quando os cajus ficarem de tom vermelho bem escuro, coloque um a um em peneira de taquara até que fiquem completamente escorridos.
A passa de caju fica semelhante à uva passa ou ameixa preta seca. Deve ser guardada em lata ou vidro apenas úmida, sem a calda. Dura um ano.

Nota
Pode ser feito com caju doce e guardado com a calda ou não.

30 cajus maduros
750 gramas de açúcar
2 xícaras (chá) de água

Preparo
Fure cada caju com um garfo, esprema com cuidado, sem modificar o seu formato natural.
Coloque em uma panela ou tacho o caju, o açúcar e a água. Cozinhe em fogo baixo até que a calda fique em ponto de fio.
Retire os cajus da calda e coloque-os em uma peneira para que escorram completamente.
Para conservá-los, arrume-os em um recipiente de vidro, com ou sem a calda apurada.

Alfenim

Alfenim... alfenim do meu mundo de criança onde anda ele, quem o faz ainda na minha velha cidade?...

Pequenino doce... Doce doce de criança, doce delicado feito de alvuras e doçuras, de purezas e transformações tão primitivas.

A cana do canavial para o engenho.

Das moendas para os tachos.

Dos tachos para os gamelões.

Destes para as fôrmas recobertas de barro moreno vivo, na solene transformação do mel escuro no branco, decantação pausada, lenta. Turgando suas escórias na simples alquimia de um passado tempo.

Todas as purezas no alfenim.

Arte plástica de mãos humildes a que gente grande siquer dava atenção, siquer suspeitava arte tão pura, tão simples tão branca. Doce de criança. Feito de todas as doçuras sem artifício ou pretensão.

Flores minúsculas, animais. Toda uma fauna. O gatinho imponente, a choca no seu ninho, a pata e seus patinhos, peixes encantados, tartaruguinhas, lagartixas, gatos, cachorrinhos. Cobrinhas distendidas ou bote armado. Até mesmo um feio sapo. Tudo pintadinho de anil e carmim.

Arte ingênua do velho Goiás.
Dos confeitos e doces açucarados
de figo e de laranja.
Verônicas e fartes.
Fios de ovos.
Montanha de ouro num lago de calda
cheirando a baunilha.

Alfenins...
Bandejinhas, vendendo pelas ruas.
Fabricantes: Joana, Gualberto, tia Miquelina.
Lá na rua da estrada, estão fazendo alfenins
nas longas tardes de Vila Boa, no céu.

Docinho feito de inocência,
docinho de vintém,
doce de criança.
Ninguém daquele tempo suspeitava qualquer arte,
via ali nenhuma arte.

Alfenim...
doce, gosto de saudade.

Quanto dariam meus cabelos brancos
para os comprar de novo,
com os escassos vinténs da minha infância pobre!...

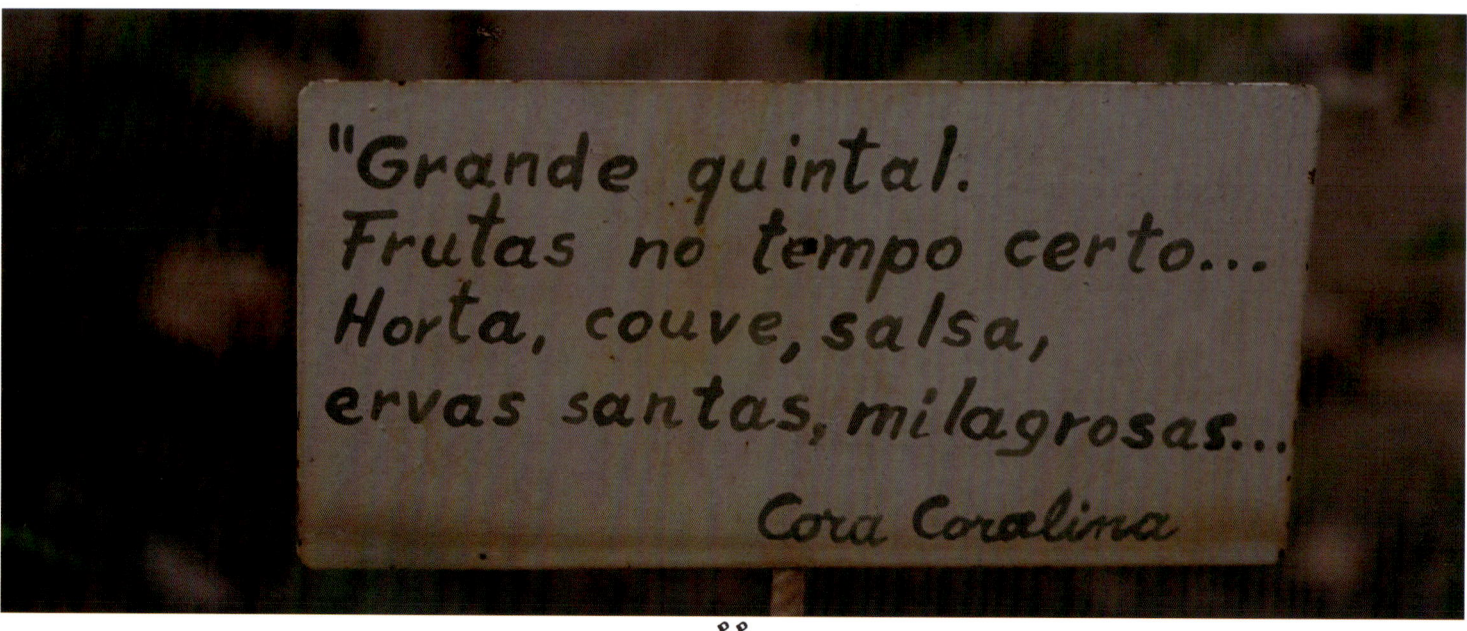

"Grande quintal.
Frutas no tempo certo...
Horta, couve, salsa,
ervas santas, milagrosas...
Cora Coralina

No quintal da Casa Velha da Ponte

Pudim de coco

Tira-se, num pano ralo, o leite de um coco ralado.

Faz-se uma calda grossa com 250 gramas de açúcar, na qual se põe uma colherinha de manteiga.

Depois de fria a calda, juntam-se 6 ovos bem batidos e o leite de coco. Em fôrma untada com manteiga, cozer em banho-maria.

250 gramas de açúcar
1 xícara de água
1 colher (chá) de manteiga

250 ml de leite de coco
6 ovos

Preparo

Faça uma calda em ponto de fio com o açúcar e a água. Coloque a manteiga e deixe esfriar.

Bata no liquidificador a calda, acrescentando os outros ingredientes.

Asse em banho-maria, em fôrma caramelizada.

Pudim São José

1 quilo de massa de cará cozido e passado em peneira, 1/2 quilo de fubá de arroz, 700 gramas de açúcar, 250 gramas de manteiga, 12 ovos batidos, sal e canela. Amassa-se bem, com 1/2 tablete de fermento dissolvido em meio copo de leite morno. Põe-se em fôrmas untadas, deixa-se crescer durante 4 horas e leva-se ao forno.

250 gramas de cará cozido
2 colheres (sopa) de fubá de arroz
1 e 1/2 xícara (chá) de açúcar
150 gramas de manteiga sem sal

6 ovos
1 pitada de sal
1 colher (chá) de canela
2 copos de leite

Preparo

Bata todos os ingredientes no liquidificador. Coloque em fôrma (com buraco no meio) caramelizada. Asse em forno a 180º por 35 minutos. Desenforme frio.

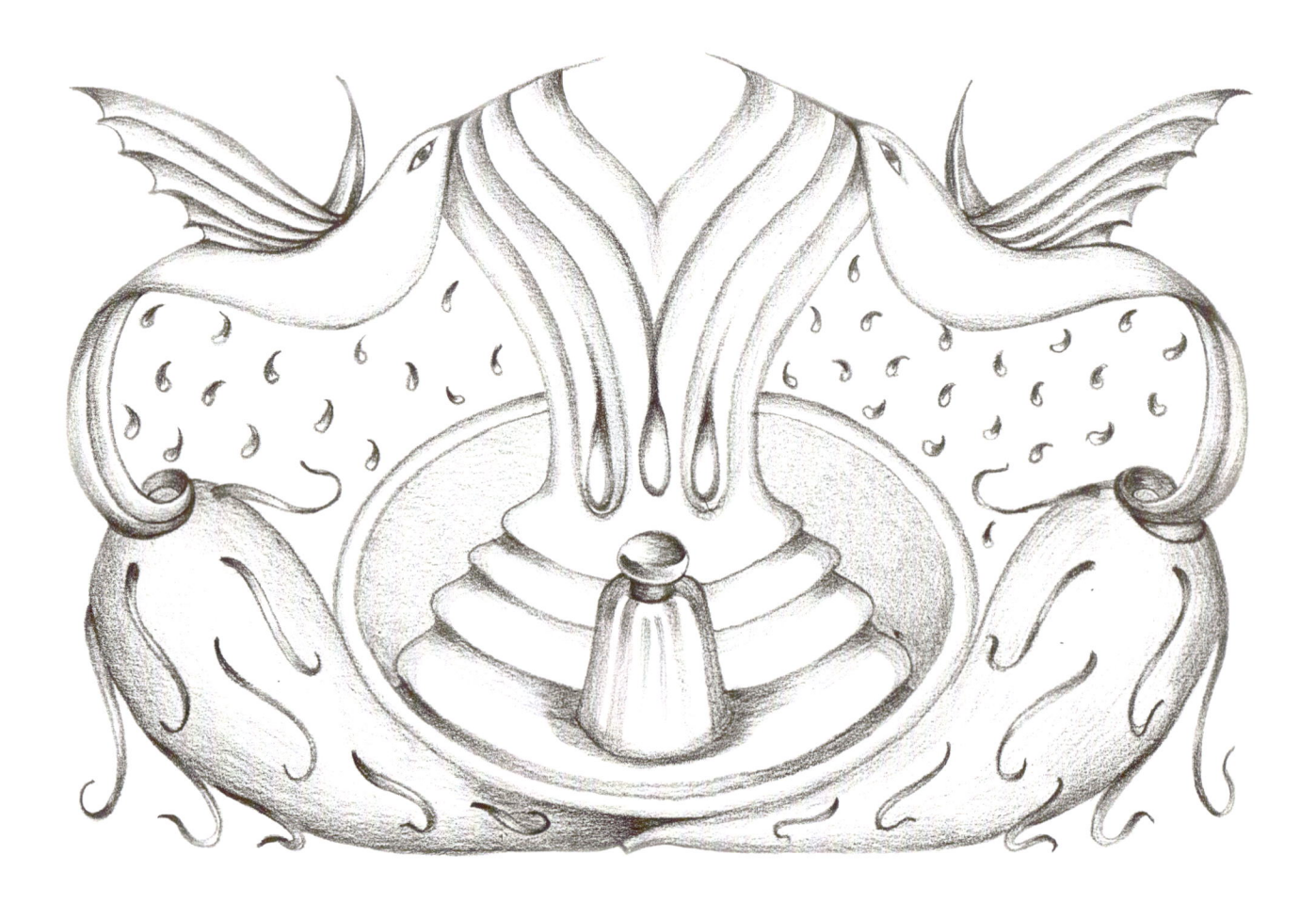

Pudim de batatas assadas

Uma porção de batatas doces assadas.

Descascam-se as batatas e passa-se em peneira. Juntam-se a cada libra dessa polpa 500 gramas de miolo de pão embebido em leite e desmanchado, 250 gramas de manteiga, 6 gemas, 250 gramas de açúcar, canela, passas e uma pitada de sal. Tudo bem misturado.

Deita-se a massa em forma untada com açúcar queimado. Leva-se ao forno regular.

200 gramas de batata-doce inteira assada no forno com a casca	1 colher (sobremesa) de canela em pó
3 pães franceses amanhecidos	1 pitada de sal
100 gramas de manteiga sem sal	2 xícaras (chá) de leite
1 xícara (chá) de açúcar	1/2 xícara (chá) de uvas-passas
	4 ovos

Preparo

Asse as batatas-doces inteiras no forno até ficarem macias. Descasque, corte em pedaços e reserve.

Em um recipiente, deixe os pães no leite até ficarem bem umedecidos.

Leve ao liquidificador junto com as batatas e os demais ingredientes. Bata bem, até ficar uniforme. Misture as uvas-passas sem bater.

Despeje em forma caramelizada e asse em forno médio.

Pudim de São Paulo

4 colheres de queijo ralado, 4 ovos, 8 colheres de açúcar, 3 colheres de farinha de trigo e 1 dita de manteiga

Misturar e levar ao forno em fôrma untada de manteiga.

4 colheres (sopa) de queijo ralado
4 ovos
1 e 1/2 xícara (chá) de açúcar

2 colheres (sopa) de farinha de trigo
1 colher (sopa) de manteiga
3 xícaras de leite

Preparo

Bata todos os ingredientes no liquidificador. Coloque em fôrma caramelizada. Asse em banho-maria em forno a 180° por 30 a 35 minutos.

Bombocado de coco

1 coco, 500 gramas de açúcar em ponto de pasta, 425 gramas de manteiga, 125 ditos de farinha de trigo, 10 gemas, 5 claras de ovos bem batidas.
Depois de tudo bem misturado, vai ao forno em forminhas.

5 ovos

2 xícaras de açúcar

1 coco ralado

1 xícara (chá) de farinha de trigo

1 xícara (chá) de manteiga

Preparo

Bata os ovos até ficarem firmes. Junte o açúcar, sempre batendo.

Acrescente o coco, a farinha e a manteiga.

Asse em forminhas untadas com manteiga, em forno a 180º por aproximadamente 40 minutos.

Bombocado de queijo

6 ovos batidos, 1 colher bem cheia de manteiga salgada, 5 colheres de queijo ralado (duro), 5 de farinha de trigo. Prepara-se uma calda com 500 gramas de açúcar; deixa-se esfriar e mistura-se tudo. Assa-se em forminhas untadas.

6 ovos
1 colher (sopa) de manteiga
5 colheres (sopa) de queijo ralado
(parmesão ou 1/2 cura)

5 colheres (sopa) de farinha de trigo
1 e 1/2 xícara (chá) de açúcar

Preparo

Faça uma calda em ponto de fio com o açúcar e 1 xícara (chá) de água. Deixe esfriar e bata no liquidificador com todos os outros ingredientes.

Asse em forminhas de empada, untadas com manteiga e polvilhadas com farinha em forno a 180º, por aproximadamente 40 minutos.

Prato excelente

1 libra de fubá de arroz, que deve ser cozido em 2 garrafas de leite até ficar um angu, 2 ovos sem as claras grossas, açúcar quanto baste, 1/2 quilo de manteiga, 1 coco ralado.

Misturar e, na hora de ir ao forno, acrescentar um cálice de água de flor de laranjas. Fôrmas untadas, forno regular.

1 xícara (chá) de arroz cru
1 litro de leite
1 e 1/2 xícara (chá) de açúcar
100 gramas de manteiga

100 gramas de coco ralado
4 ovos
1 pitada de sal

Preparo

Colocar o arroz de molho durante 3 horas.

Escorrer e bater no liquidificador com o leite.

Levar ao fogo até engrossar, sem deixar ferver. Deixar esfriar.

Acrescentar os outros ingredientes e levar ao forno (180º) em fôrma caramelizada, em banho-maria, por 30 a 35 minutos.

Cidade de Goiás, no côncavo da Serra Dourada

Ondina

Hoje, esta pequena mensagem de profunda recordação:

Já de véspera o Pedro tinha vindo e matado a leitoa.

Lucinda, desde a antevéspera, nos preparos da cozinha e sinto hoje como a presença da velha negra, servidora e humilde, enchia os fundos da casa de alegria e certezas.

Nós, crianças, a meninada em volta dando, prazenteiras, pequena ajuda. Já sua mãe tinha, com antecedência, comprado um lenço de seda, de bainha larga e passado para Annica Brandão bordar um canto, sem faltar as iniciais. Annica era irmã de Valério, Coriolano, Benvindo e outros, bordadeira emérita, e cobrara 10.000 réis. Era parenta, sabia cantar ao violão e convidara para o jantar.

Às 3 horas da tarde, a mesa posta na sala estreita, com cadeiras de cabeceiras e bancos compridos acompanhando a mesa.

Seu pai, eufórico, barbeado, terno novo de brim, só dava meio dia na loja. O resto estava atento providenciando as coisas. Presentes iam chegando em grandes bandejas. A casa recendia a molhos e assados. Totó e Santarém tinham descido de madrugada. A meninada engrossava num entra e sai, brinquedos do tempo, rodeando tachos e gamelas, as rapas, as dedadas e a certeza de prato cheio, e, de quebra, um empada – inteirinha – a cada um. E nós, meninada, não éramos da mesa, não cabia e nem queríamos. Queríamos mesmo era a liberdade de comer de colher ou com as mãos, nos empanturrar de comidas e doces de calda grossa, na melhor falta de educação. Comer juntos, em dois no mesmo prato esmaltado e fundo, era o máximo da alegria, ainda mais, dia de festa, ninguém ralhando e raciocinando. Comíamos à moda velha. Lucinda comandando a cozinha, suprindo os pratos. Éramos Buchos de Ema e as panelas não se esvaziavam. Os milagres da fartura e da comezaima. Nós, a meninada.

Os convidados chegando: Compadre Benício, Gabriel Pátroclo, Dr. Olímpio. Os Guedes, Luiz e Joaquim Guedes, tinham mandado um garrafão de vinho português e umas botijas com vinhos diferentes. Uma ca-

misa branca de linho. Valério, Benvindo e Coriolano, Juca de Bastos e Artur, Jerônimo França, Lico e Lolão, Dudu, Antonio Galego e outros, já nem lembro os nomes. Gente de lado e cabeceiras Dr. Olímpio e os Guedes. Seu Benício recusava a distinção, ficava de lado.

E lá vinham as terrinas, travessas e sopeiras, reservadas e emprestadas de parentes. E também as cadeiras.

Gente mais estranha comparecia, Seu Luiz Gudinho, seu casal de filhos, D. Deolinda Santarém e outros.

E era um comer de fazer gosto. Sopa de macarrão grosso, português, isto é, importado. Tutu de feijão, gordo, arroz de forno, pirâmide. Carne enrolada, carne cheia. Frango assado com seu recheio. Molho de guariroba. Tigelada. Lombo de porco assado e farofa, dizíamos mechido. A leitoa vinha nas suas duas bandas, tostada, cheirosa, apetites exaltados. Travessa descomunal de empadas quentinhas, tostadas fundo e cobertura, o velho forno de barro no exato.

Tudo isso acompanhado de vinho tinto – o tal do garrafão e das botijas – e cerveja Brahma; não havia gelo, ao natural.

Annica, Carmem, Mariquinha de Bastos tinham assento na mesa e mais, ia me esquecendo, Mariquinha de Souza, amiga do peito. Eram as desembaraçadas do tempo. Hoje se diria de Comunicação. Sabiam conversar, participavam. Riam, falavam.

Depois os doces. Compoteiras, terrinas, pudins, queijo de leite, tudo em calda. Canela, cravo e baunilha embalsamavam o ar.

Saíam dos baús os guardados: faqueiros, e copos de prata. Salvas também vinham de empréstimo em acrescentos, que não faltam a ninguém, e não faltavam mesmo. Lucinda de olho, não fosse sumir algum. Também copos pesados de vidro grosso trazidos da loja, depois em retorno.

A estas, nós entrando na Gingibirra, estouradas suas rolhas amarradas com barbante, previamente preparadas por Lulu e Joãozinho.

À noite violão, de novo as amigas com uma profusão de presentes, gravatas de seda, cortes de brim especial, lenços de linho, meias de fio de escócia, cortes de colete, abotoaduras e botões de ouro.

Modinhas, lundus, inventava-se uma quadrilha, arranjava-se uma tocada. Circulam cálices de vinho do Porto Adriano Ramos Pinto, moscatel.

Lucinda, atenta, velha negra da velha saudade, para distrair a meninada inventava uma fogueira. Para a meninada deixar folga na casa e armar seus brinquedos.

Lá pelas tantas, vasta mesa posta de café, chá, chocolate grosso e pratos de bolos redondos e quadrados, em forma de coração, servidos retalhados e no à vontade, a la fartura, dos velhos tempos. E nós, meninas, de novo na mesa, arrematando os pratos, entornando café e chá, nos enchendo de chocolate grosso.

Hoje nem fiz o café. Os mortos estão vivos. Eu os sinto a todos na Velha Casa decadente, onde eu sou uma sobrevivente, para a saga de um passado que está vivo para mim.

E lembrar que todos já partiram, cada qual a sua vez, vivendo nas últimas recordações de uma menina que jamais pensou que um dia teria de recordar.

Desnecessária, Ondina, uma palavra a mais. Você sabe que o moço do dia dos anos, 28 de julho, descansa de lutas e sonhos no velho cemitério muito longe de Goiás. Um dia, o novo encontro de todos.

Ondina, senti que devia este registro. Não me queira mal pelo que despertou em você de emoção e choro.

Da velha tia amiga e agradecida

Annica
(Cora Coralina)
Cidade de Goiás, 28-7-78

Escrito à margem da carta:
Guarde esta página, um dia vou reescrever para um livro.

Licor de abacaxi

Lava-se bem o abacaxi. Corta-se com a casca e deixa-se em infusão em 1 litro de álcool 40 por três dias. Depois, côa-se e mistura-se com uma calda de um quilo de açúcar com 1 litro de água. Filtra-se novamente, antes de engarrafar.

1 abacaxi grande	1 quilo de açúcar
400ml de álcool de cereais	1 litro de água

Preparo

Lave bem e corte o abacaxi ainda com a casca e deixe em infusão por quinze dias no álcool.
Coe em guardanapo de algodão e reserve.
Com a água e o açúcar faça uma calda em ponto médio e deixe esfriar.
Junte a infusão e guarde em garrafa ou pote de vidro.

Licor de leite

1 garrafa de álcool 40, 1 litro de leite, 1 quilo de açúcar, 2 colheres de chocolate, 1 fava de baunilha, 3 rodelas de limão.

Deixa-se nove dias em infusão.

Depois filtra-se duas vezes (ou mais, até ficar transparente).

Outra receita

Em uma calda de 1 quilo de açúcar colocar 100 gramas de canela em pau, cravo, erva-doce, metade de uma noz-moscada ralada e a casca de 4 limões.

Deixa-se ferver tudo na calda por algum tempo. Estando a vasilha tampada, tira-se do fogo e junta-se 1 litro de álcool 42 e 1 garrafa de leite.

Deixa-se tudo em infusão por 48 horas e filtra-se em filtro de papel.

400ml de álcool de cereais
2 litros de leite
1 quilo de açúcar

4 colheres (sopa) de chocolate em pó
1 fava de baunilha aberta ao meio
4 rodelas de limão

Preparo

Misture os ingredientes e deixe em infusão por quinze dias.
Coe em guardanapo de tecido e guarde em vidro bem fechado.

Licor de amêndoas

Soca-se 200 gramas de amêndoas que ficam em infusão em um litro de álcool por 8 dias. Côa-se num guardanapo, sobre uma calda de 1 quilo de açúcar e duas garrafas de água.

300 gramas de amêndoas
300ml de álcool de cereais

1 quilo de açúcar
1 e 1/2 litro de água

Preparo

Triture as amêndoas e deixe em infusão no álcool por quinze dias. Coe em guardanapo de tecido.

Faça uma calda com o açúcar e a água em ponto médio, deixe esfriar.

Junte à infusão e guarde em recipiente de vidro.

Vinho de laranja

3 dúzias de laranjas
1 litro de álcool
1 quilo de açúcar refinado
3 garrafas de água fervendo

Põe-se as cascas na água fervendo e deixa-se esfriar.
Retira-se as cascas e coloca-se o caldo das laranjas, o açúcar e o álcool.
Deixa-se o vinho engarrafado uns 6 meses antes de filtrar.

Dica
Use 600ml de álcool de cereais.

Livro de receitas

A nossa casa, casa dos meus pais, é uma das poucas casas de família numerosa, dessas tais famílias de 7, 8 ou 10 irmãos que muito mais a gente ouve contar do que conta.

Lá em casa temos muitos livros, livros de meu pai, livros de minha mãe, meus livros. *Biblioteca das moças*, presente de amigas, emprestados de amigas, onde de vez em quando me encarno na heroína. Isto sem mencionar os livros escolares e os de histórias de Ada Maria.

Mas o melhor livro que já entrou até hoje em nossa casa foi na minha opinião e na opinião de minhas irmãs o livro de receitas de doces, bolos e salgados. Era um velho livro de capa solta meio engordurado com respingos de gema seca, pingos secos de calda e um cheiro de abelha e formiga inconfundíveis. Vivia esse magnífico tratado na gaveta da grande mesa da cozinha ao lado de coisas estranhas e diferentes: pedras de anil, cabeças de alho, peças de máquina de moer, carretilhas, facas pequenas e uma curiosa fôrma de doce.

Esse velho e respeitável tomo tinha sido de minha avó que o passou a minha mãe com recomendações de cautela com as crianças, "não vão elas rasgar tudo isso". Havia dentro folhas soltas manuscritas, pedaços de papel traçados a lápis, receitas supranumerárias de amigas, parentas distantes e velhas conhecidas.

O livro era pesadão e me lembrava sempre, não sei porque, o grande prato de *olha* (comida preparada com legumes e carne) que, domingo sim, domingo não, se fazia lá em casa.

Eu era a mais velha da turma e gostava, as vezes que ficava na cozinha vendo a Rita lavar a louça, de folhear o livrão de folhas grossas com anotações de minha mãe e cruzetinhas de minha avó marcando os pratos experimentados.

Meu pai de vez em quando tomava o livro, sopesava e dizia que ia comprar outro que aquele já estava rançoso. Minha mãe protestava que melhor do que aquele não havia nenhum e que ele tinha servido para a vovó e que também servia para nos criar.

Meu pai achava graça e mastigava com prazer um biscoito de polvilho.

Bolachinhas à Zé Pereira

1 quilo de farinha de trigo, 150 gramas de açúcar, 1 grande colher de banha, 1 dita de manteiga, 3 colherinhas de bicarbonato de sódio.

Desmancha-se bem a farinha com 1 xícara de leite (xícara grande) e um pouco de sal.

Acrescenta-se os outros ingredientes. Depois de a massa ser bem amassada, abrem-se folhas, estendem-se e cortam-se as bolachinhas, pondo para assar em forno regular.

650 gramas de farinha de trigo	400 gramas de manteiga sem sal
1 xícara (chá) de açúcar	1 colher (chá) de bicarbonato de sódio
1 xícara de leite	1 pitada de sal

Preparo

Misture todos os ingredientes até formar uma massa homogênea, deixe descansar por aproximadamente 1 hora.

Abra a massa com um rolo (mais ou menos como uma massa de pastel) e corte com forminhas nos formatos desejados.

Coloque em uma assadeira e leve ao forno (180º) por aproximadamente 25 minutos ou até as bolachinhas estarem douradas na parte de baixo.

Depois de assadas, passe no açúcar.

Dica

Você pode decorar as bolachinhas colocando chocolate derretido em um saquinho plástico e desenhando a seu gosto.

Joanitas

1 coco ralado, 200 gramas de açúcar, 5 gemas, 2 colheres de trigo, 1 colher de manteiga.

Mexe-se bem e pinga-se em assadeira, levando ao forno para corar.

1 coco ralado
200 gramas de açúcar
5 gemas

1 xícara (chá) de farinha de trigo
1 colher (sopa) de manteiga

Preparo

Misture todos os ingredientes. Pingue em assadeira untada e polvilhada e leve ao forno até dourar.

Rocambole

Bate-se, como para pão de ló, 6 ovos com 6 xícaras de açúcar (xícaras de café).

Junta-se 4 xícaras de farinha de trigo e 1 de água.

Assa-se em forno brando e despeja-se sobre um guardanapo.

Cobre-se com qualquer doce ou geleia, enrola-se, polvilha-se de açúcar.

Queima-se com pá em brasa e serve-se em fatias.

Massa	Recheio
6 ovos	200 gramas de goiabada cascão
1 e 1/2 xícara (chá) de açúcar	1 copo de água
2 xícaras (chá) de farinha de trigo	
2 colheres (sopa) de água	

Preparo

Bata os ovos e o açúcar por 15 minutos. Aos poucos acrescente a farinha e a água. Coloque em fôrma untada com manteiga e polvilhada com farinha de trigo. Leve ao forno (180º) por aproximadamente 25 a 30 minutos.

Ainda quente, vire sobre um guardanapo úmido e espalhe o recheio. Enrole e polvilhe com açúcar de confeiteiro.

Recheio

Leve os ingredientes ao fogo até dissolver a goiabada.

Broinhas de Goyaz

Faz-se de 1 quilo de açúcar calda em ponto de pasta. Estando quase fria, deita-se 10 ovos batidos, sendo 5 sem as claras, 2 pires de amendoim torrado e bem socado e pó de raspas de casca de limão ou laranja até poder- -se enrolar em bolinhas (mais ou menos 5cm) que vão ao forno regular até dourar.

1/2 quilo de açúcar	500 gramas de amendoim torrado
5 gemas	e moído
2 claras	Raspas de casca de limão

Preparo

Faça uma calda com o açúcar em ponto de pasta, deixe esfriar. Misture as gemas batidas, as claras em neve e o amendoim. Leve ao fogo até ficar homogêneo e soltar do fundo da panela. Coloque em um saco de confeiteiro e pingue na assadeira untada com manteiga. Asse em forno regular (180º) por aproximadamente 20 minutos.

Montanha Russa

Ferva-se 1 garrafa de leite com uma fava de baunilha.

Bate-se 4 gemas de ovos com 1 xícara de açúcar; mistura-se 2 colheres de Maizena; deita-se o leite sobre tudo isso bem dissolvido e volta novamente ao fogo para cozinhar e formar creme, que se deixa esfriar.

Cozinha-se à parte 250 gramas de ameixas pretas sem caroços, com 1 copo d'água e 1 cálice de vinho seco, cravo, canela e casca de limão.

Arruma-se, em uma cremeira, uma camada grossa de creme e outra de ameixa, sucessivamente. Cobre-se com suspiro e leva-se ao forno para secar.

Creme de amêndoas

Peladas e moídas 200 gramas de amêndoas, põe-se sobre elas 1 garrafa de leite fervente. Côa-se num pano grosso, espremendo-se fortemente. Junta-se 3 colheres de Maizena, açúcar à vontade e 3 gemas de ovos.

Cozinha-se em fogo brando, enchendo-se a cremeira, que se põe a gelar.

Creme de laranjas

2 copos de caldo de laranja, 1 d'água, 3 colheres de Maizena, açúcar quanto baste.

Mistura-se bem e leva-se a cozinhar, passando depois para a cremeira; serve-se gelado ou frio.

Nota

Não se iluda com a simplicidade da receita. Ela permite fazer uma sobremesa deliciosa, que parece doce da vovó e que pode ser adaptada facilmente ao seu gosto. Aumentando ou diminuindo levemente a quantidade de amido de milho, você a adapta à sua consistência preferida. E pode servir quentinho no inverno ou geladinho no verão.
É rápido e fácil de fazer com ingredientes comuns em todas as casas.
Laranjas mais para azedas dão mais sabor ao creme. Com laranjas doces, experimente um pouco de caldo de limão.

Geleia de uvas

Toma-se 1 quilo de uvas, a que se tiram as cascas. Põe-se numa caçarola louçada, junta-se 1 quilo de açúcar, e com uma colher de pau mexe-se bem, esmagando as uvas. Adiciona-se 1 litro d'água.
Depois de bem cozido, passa-se num guardanapo. Volta ao fogo para tomar ponto de ajuntar. Guarda-se em vidros.

1 quilo de uvas
400 gramas de açúcar
1 litro de água

Preparo
Leve ao fogo a água e as uvas cortadas ao meio e deixe cozinhar. Retire do fogo e passe na peneira. Volte ao fogo com o açúcar, até dar ponto de geleia.

Dica
Ponha 1 colher da geleia em um pires e incline-o. Se escorrer lentamente, está pronto.

Geleia de Fructas

3 copos de caldo de abacaxi, 2 de água, numa caçarola louçada, com açúcar quanto baste.

Junta-se 20 folhas de gelatina vermelha, 1/2 copo de vinho branco seco. Vai ao fogo. Logo que ferva, passa-se num guardanapo fino e ralo e põe-se em fôrmas para gelar.

3 copos de caldo de abacaxi	4 folhas de gelatina
2 copos de água	1/2 copo de vinho branco seco
1 copo de açúcar	

Preparo

Aqueça o caldo de abacaxi, a água e o açúcar, sem ferver. Dissolva as folhas de gelatina. Acrescente o vinho.

Volte ao fogo e, assim que ferver, retire e coloque em potinhos. Se preferir, gele, porque a geleia endurece mesmo à temperatura ambiente.

Gelatina com morangos

20 folhas de gelatina, 4 copos de água, 1/2 de vinho do Porto, 1 colher de erva-doce, 12 cravos sem cabeça, 1/2 noz-moscada ralada, açúcar que adoce, caldo de meio limão. Mistura-se bem e leva-se a fogo brando até a gelatina dissolver. Passa-se depois de fervido por um pano e põe-se na fôrma, juntando-se alguns morangos em calda.

Gelatina	**Caldo de 1/2 limão**
4 copos de água	12 folhas de gelatina
1/2 copo de vinho do Porto	
1 colher (chá) de erva-doce	**Calda**
12 cravos-da-índia sem a cabeça	1 xícara de açúcar
1 pitada de noz-moscada ralada	1/2 xícara de água
1 copo de açúcar	1 caixa (300 gramas) de morangos

Preparo

Leve ao fogo todos os ingredientes, menos a gelatina. Quando ferver, retire do fogo e dissolva a gelatina. Coe em um guardanapo, coloque em uma fôrma de pudim para gelar.

Dissolva 1 xícara de açúcar em 1/2 xícara de água. Acrescente uma caixa de morangos lavados e sem cabinho. Leve ao fogo brando por 10 minutos.

Desenforme a gelatina e decore com os morangos em calda.

Bica da casa de Cora Coralina

Legado do trabalho

Depois de 45 anos no estado de São Paulo, onde casou, teve e criou os filhos, enviuvou, viveu, aprendendo sempre, participante em todos os momentos, Cora Coralina voltou às suas raízes – a cidade de Goiás, antiga capital do estado – e começou a fazer doces. Ela não tinha livro publicado, apesar de nunca ter parado de escrever seus poemas e contos desde os catorze anos.

Voltou por questão mesmo de necessidade econômica. Tinha parte de uma casa – onde nasceu e foi criada – e queria comprar a parte de seus sobrinhos, já que era a última de quatro irmãs. Com a construção de Brasília, a antiga capital do estado de Goiás, passou a ser constantemente visitada por turistas, daí sua ideia de fazer doces, uma fonte de renda certa.

"Os turistas que gostam de poesia vêm à minha casa e encontram também os doces. Os que vêm atrás dos doces encontram a poesia. Quer coisa melhor?" Muitas vezes ouvi essas frases. E assim era: arte poética aliada à arte culinária.

Seus tachos areados com limão e cinzas, dourados, reluzentes, comprados sempre que alguém oferecia, mesmo estando furados, sem alça. Tinha um grupo de ciganos acampados há anos em Itaberaí – cidade próxima –, que eram mestres na solda, no colocar novas alças, de cobre ou bronze, para quem ela sempre levava seus tachos, para recuperação dos estragos feitos em séculos de uso.

— Para que tanto tacho, mamãe?
— Um dia, vou dar um tacho a cada filho e a cada neto. Será o legado do trabalho.

Fazia doces de figo, laranja-da-terra, mamão vermelho, cidra, abóbora, glacerizados, e também passa de caju, para vender. As outras receitas que tinha eram feitas só para a "casa", quando recebia a visita de filhos e parentes.

Sempre teve o préstimo de embalar o doce vendido em caixinhas de papelão – um quilo em cada uma – forradas com papel manteiga ou de seda, uma camada de cada variedade que tinha no momento. Depois, embrulhava em papel bonito, que comprava ou ganhava em bobinas, e passava o cordão. Não adiantava o freguês querer só de uma espécie: era convencido a levar daquela forma, alertado para a qualidade excelente de todos os doces.

Tinha muito orgulho da sua condição de doceira. "Sou melhor doceira que poeta." Essa frase marcou sua vida.

Doces seus saíram de Goiás para todo o Brasil, para alguns lugares dos Estados Unidos, para a Riviera Francesa, levados por visitantes. Para o papa João XXIII, entregue por S. Ex.ª Rev.ma o bispo de Goiás que, na volta, trouxe uma bênção especial, um terço e um cartão de Sua Santidade, agradecendo o mimo.

Hoje, neste livro, receitas – tenho um caderno com sua própria letra – e textos sobre culinária, especialmente de Goiás, que abordam a vida e os costumes de sua cidade com olhar atento e amoroso. Lições de bem viver que – espero – outras pessoas também possam usufruir. São doces e mensagem – uma vida.

Vicência Brêtas Tahan

"Um dia, vou dar um tacho a cada filho e a cada neto."

Agradecimentos

Para que este livro fosse uma homenagem aos 120 anos de nascimento de Cora Coralina, não pudemos esperar a época de caju nativo, e utilizamos o doce feito em Goiás, na época certa, por D. Dita (Lúcia Benedita Pereira dos Santos), que trabalhou na Casa Velha da Ponte nos últimos anos de vida da poeta. Na página 86, o doce em primeiro plano é caju nativo, menorzinho e mais azedo, o doce fervendo é de caju mais doce e maior, encontrado facilmente nos mercados.

Muitas pessoas colaboraram para que este livro chegasse até você, leitor. Agradecemos a todas elas:

Vicência Brêtas Tahan, filha de Cora Coralina, que selecionou textos, lembrou fatos, corrigiu detalhes, emprestou objetos que pertenceram a sua mãe (como o tacho das páginas 81 e 86 e o lindo pratinho de vidro verde da página 82) e cedeu fotos do acervo da família.

Eduardo Galvão, bisneto da autora, que fez os doces das páginas 78 a 87.

Em Goiás, a diretora do Museu Casa de Cora Coralina, Marlene Gomes de Vellasco, sua equipe e o cuidador do quintal da Casa, Antonio Marques da Silva.

Ailde Andrade e Fátima Rahal Augusto, que fizeram teste e atualização das receitas. Ailde contribuiu com a feitura das receitas e com os objetos usados na produção das fotos.

Instituto Paladar: Airton G. Pacheco, produtor, Ciene Cecilia Silva, apoio, Cristiano Lopes, que fotografou as receitas e Emiliano Boccato, responsável pelas fotos de Goiás.

Objetos usados nas fotos de receitas podem ser encontrados nas lojas:

Acervo Coisinhas da Vovó (na M. Dragonetti) – Av. Santo Amaro, 898, São Paulo/SP – (11) 3846-8782

Cecília Dale – Rua Dr. Melo Alves, 513, São Paulo/SP – (11) 3064-2644

Jorge Elias Boutique – Rua Bela Cintra, 2.305, São Paulo/SP – (11) 3086-0096

M. Dragonetti Utensílios de Cozinha – Av. Santo Amaro, 898, São Paulo/SP – (11) 3846-8782

Nelise Ometto Atelier de Cerâmica – Rua Laborosa, 88, São Paulo/SP – (11) 3813-2395

Pepper – Rua Leopoldo Couto de Magalhães, 753, São Paulo/SP – (11) 3073-0333

Stella Ferraz Cerâmica – Rua Chilon, 387, São Paulo/SP – (11) 3841-9368

Presentes Mickey – Rua Oscar Freire, 901, São Paulo/SP – (11) 3088-0577

E não lhe faltou coragem

Ana Lins dos Guimarães Peixoto é o nome de batismo da menina frágil, órfã de pai aos dois meses. Cresceu devagar e pouco, na grande casa da família em Villa Boa de Goyaz, então capital do estado. Achava-se feia, mas sua inteligência e espírito forte não passavam despercebidos. Produziu seus primeiros escritos aos catorze anos, publicados posteriormente em jornais locais.

A paixão a afastou de sua cidade e de sua família por 45 anos. Mas durante todo esse tempo não parou de escrever. Publicou crônicas nos jornais das cidades onde viveu e criou seus quatro filhos. Liderou campanhas, uma mulher de ação.

Quando voltou a Goiás, viúva, tornou-se doceira.

Aos 75 anos publicou seu primeiro livro, uma descoberta para gente que sabia do assunto, como Carlos Drummond de Andrade. Mas esse gosto de fonte clara de poesia permanece.

Cora Coralina não era só doces e poesia, ela colocava seu olhar observador sobre o mundo. Seu neto Mário Garcia Brêtas, filho de Cantídio Brêtas Filho, nos conta que ela dizia: "Toda boa doceira suja apenas dois dedos: o indicador e o polegar. Mulher que lambreca toda a mão não é uma boa doceira.".

E escreveu: "Rever, escrever e assinar os autos do passado antes que o tempo passe tudo ao raso".

OBRAS DE CORA CORALINA

Doceira e poeta

Estórias da Casa Velha da Ponte

Melhores Poemas Cora Coralina

Meu livro de cordel

O tesouro da Casa Velha

Poemas dos becos de Goiás e estórias mais

Villa Boa de Goyaz

Vintém de cobre

A menina, o cofrinho e a vovó (Infantil)

A moeda de ouro que um pato engoliu (Infantil)

As cocadas (Infantil)

Contas de dividir e trinta e seis bolos (Infantil)

De medos e assombrações (Infantil)

O prato azul-pombinho (Infantil)

Os meninos verdes (Infantil)

Poema do milho (Infantil)

Lembranças de Aninha* (Infantil)

Cora coragem Cora poesia
Biografia de Cora Coralina escrita por sua filha Vicência Brêtas Tahan

*Prelo